Triggers:
30 Sales Tools You Can Use to Control the Mind of Your Prospect to Motivate, Influence and Persuade.

シュガーマンのマーケティング30の法則

お客がモノを買ってしまう心理的トリガー《引き金》とは

ジョセフ・シュガーマン著

佐藤昌弘監訳＋石原薫訳

フォレスト出版

TRIGGERS

By Joseph Sugarman

あなたに売れないものはない！

ジョー・ジラード

ジョセフ・シュガーマンのことはずいぶん前から知っていたが、4年前、私が自著『Mastering Your Way to the Top（トップを極めよ）』のために彼に行ったインタビューでようやく会うことができた。

私が彼のことを「伝説のダイレクト・マーケッター」と呼んでも、その表現は誇張でも何でもない。

ジョーの発想は常に面白く、ものの見方も独特で、同業者の中でも異彩を放っている。われわれはともにスーパー・セールスマンだ。ジョーは印刷媒体とテレビを通じて何百万もの大衆を相手に、私は1対1で個人を相手に物を売っている。

違いこそあれ、2人にはお互いが認め合っている共通点がある。それはセールスにおいて「顧客心理」が重要なことに気づいているという点である。

この本には、セールスでより多くの成功を得るための30の方法が詳説されている。ジョーが長年にわたるダイレクト・マーケティング人生の中で身につけた心理学を人的販売

（セールス・マーケティング）に応用したものだ。

彼が独自の方法で行った広告調査（学習代として何百万ドルもかけている）がその教えを裏付けている。彼の得た知識を巧みに人的販売のダイナミズムに当てはめ、本書を比類なき1冊に仕上げている。

彼の30の心理的トリガーは、どれ1つ取っても、あなたの営業成績をみるみる向上させるだろう。これまでの2倍、いや3倍も夢ではない。

彼の手法の中には、私が長年、直感的に使っていながら気づかずにいたものもあれば、まったく耳新しく、購買を決定させる心理的トリガーの威力に改めて目を向けさせるものもあった。

それにしても、本の最初から最後までずっと私をとらえて離さないものがある。

それはジョーのユーモアのセンスと驚嘆すべき文章力だ。書き言葉の達人である彼の描くストーリーやエピソードは読んでいて楽しく、ためになり、いつまでも記憶に残る。

本書は、セールスパーソン必携の書だ。

私なら絶対にライバルより先に読みたい。さらに言えば、自分がセールスマンでなかったとしても、純粋に楽しみのために読みたい。

それで1つ簡単な提案がある。本書を今書店で初めて手に取り、中味に目を走らせている人は、ちょっと目次を開いてみてほしい。本書が教えてくれるテクニック、ユーモア、楽しさを、そこに垣間見ることができるはずだ。
30の心理的トリガーそれぞれのタイトルから受ける期待感を本文が十分に満たしてくれることを、私が保証しよう。

【ジョー・ジラードについて】

1928年、デトロイト下町の貧しいイタリア移民の家に生まれる。学歴は高校中退。8歳から靴磨きを始め、9歳で新聞配達、次に皿洗い、ストーブ組立工、住宅建築業など40余りの仕事を転々としたあと、35歳でミシガン州イーストポイントにあるシボレーの販売代理店でセールスマンへの道を歩み始める。

その後、1966年以降1978年に引退するまでの12年間を連続して『ギネスブック』の「世界No.1のセールスマン」に認定されている。1日最高18台。1カ月最高174台。1年最高1425台。1日平均6台。15年間で通算1万3001台の自動車（新車）を販売し、その記録は今もなお破られていない。

主な著書に、『私に売れないものモノはない！』『世界一の「売る！」技術』（共に、フォレスト出版刊）などがある。

プロローグ

最大の武器「心理的トリガー」

「心理的トリガー（引き金）」――それはお客の心に働きかけ、心を動かし、ついには購入を決めさせてしまう。

ところが、こうした「心理的トリガー」の存在は、やり手のセールスパーソンでさえ、ほとんど知る人はいない。

だからこそ、本書の心理的トリガーについて知ることは、知っておくだけで受注争奪戦の真っ只中にいる人にとって、強力な武器になるはずだ。

巧妙な心理的トリガーも数々ある。予想を見事に裏切ってくれるトリガーもあるだろう。

また、あなたがすでに使っているトリガーもあるかもしれない。

ただ間違いないのは、セールスと顧客心理について書かれた本は少ないということだ。

それもそのはず。

通信販売と人的販売との間に興味深い関係があるにもかかわらず、重要性に気づいているのは「私以外」に存在しないからである。

ところが、簡単に理解できて、すぐ身について、実践すればすぐに効果が出るような考え方が、私の発見した心理的トリガーにはいくつも存在しているのだ。

これからご披露する心理的トリガーの多くは、私が今まで「言葉の力」で商品、サービスを売ってきた経験から生まれたものだ。

簡単に言えば、私は通信販売広告のコピーライターを30年以上もしてきたのだ。その通信販売会社（JS&A）の社長は私自身であり、自分の会社のためにコピーを書いてきた。

私がやったことは、すべて結果的に売上げとして自分に直接跳ね返ってくるのだ。そうやって、どういう広告アプローチだとうまくいったり、あるいはいかなかったりするのか、その効果がどんな理由によるものなのかが分かるようになったのである。

もう、驚きの連続だった。

心理的トリガーのある1つの方法を使って、1000語ある広告の最後の数語を変えただけで、レスポンス（問い合わせ数）が2倍に増えたことだってある。

たった1つの考え方を採り入れただけで売上げが2倍になるなんて想像できるだろうか？

しかも、私が見つけた心理的トリガーは、実に30もあるのだ。

私は自分自身が発見したことには非常に価値があり、セールスパーソンやマーケティング担当者であれば、誰にでも役立つと思うようになった。だからこそ、この智恵を分かち合いたいと考えたのである。


あるとき、私のもとへ大成功しているセールスマンが来た。そして言うのだ。

「私は非常に優秀なセールスマンですよ。売るものとお客がいれば間違いなく売れるんですから。でも、あなたのやっていることには脱帽しました。あなたは言葉の力だけで販売力をメキメキと強化し、何百万もの人に売ってきたのですから」と。

果たして、広告文の最後の文章を変えるだけで、売上げが倍増させられるのだろうか？

高価過ぎると思われがちな商品でも、実際よりも価値があるように見せ、お値打感を出すことなどできるのだろうか？

そういった質問すべてに、私は高らかに「イエス」と答えよう。

現実に、私は１９７０年代から80年代にかけて行った数々のセミナーや、その後の著書で持論を証明してきたのだ。

私は確信している。心理的トリガーは計り知れないほど多くの人々に役立つ強力な考え方だ。

なぜか？　それは意識しているかどうかにかかわらず、誰もが日々売り込むという行為を行っているからだ。

子どもの頃は、親を説得しなければならない。好物を食べられるように、お気に入りの公園へ遊びに行けるように、面白そうなオモチャを買ってもらえるように。

大人になると、いい仕事に就いたり、商品やサービスを販売したり、自分の要求を他人に伝えたりするために、売り込みテクニックを使わなければならなくなる。

私の場合、心理的トリガーは広告コピーを書くのに役立っただけではない。その後、トリガーを応用して生放送の通販番組でも武器として活用してきた。

初めの6年間は、インフォマーシャル（訳注・テレビの時間枠を買い、あらかじめ録画・編集したものを流す）を通じて商品を販売していたが、その後7年間にわたり、生放送のテレビショッピングチャンネル「ＱＶＣ」で、一商品につき何百万ドルも売ってきた。

私の成功は、私がコピーライター時代につかんだ数々の販売テクニックを活用していたからなのだ。

この本では、心理的トリガーを1つ1つ取り上げ、個々のトリガーが持つ力について、私の経験を通して解説する。そして、それぞれのトリガーを人的販売で活用する方法を紹介する。事例やエピソードをたっぷり取り上げ、効果のある手法とその理由、使うタイミングなどを多面的に理解できるようにした。

もし、この本を読み終えるまでに、あなたの販売実績、あるいは人生さえも向上させる大事な心理的トリガーをたった1つでも見つけることができたら、十分に役割を果たしたといえるだろう。ただし、いずれ分かる通り、それよりもはるかに多くのものを得ることになるはずだ。

お客が物を買う理由の95パーセントは、「無意識の決断」だとされている。

この本で私があなたに伝えたいのは、販売プロセスで起こるどんなことがお客のトリガーとなり、売り込みのさまざまな側面にお客の潜在意識がどう反応するかということだ。

30の心理的トリガーは、あなたにとってかけがえのない知識となるはずだ。そう気づくのも、もうまもなくだ。

ジョセフ・シュガーマン

目次

シュガーマンのマーケティング30の法則

目次

シュガーマンのマーケティング30の法則

目次

シュガーマンのマーケティング30の法則

【カバー】河原田　智
【ＤＴＰ】新藤　昇

心理的トリガー 1

アイスクリームの注文手順

人間とはおかしなものだ。だからこそ人の反応を見ていると、とても大事なことに気づくことがある。

今からお話しする、この嘘のような本当の話は、まさしくそんな出来事だった。私はなんと、アイスクリームを注文しながら、とても価値のある心理的トリガーを発見したのだ。といっても、当時は自分が何を学んだのか、よく分かっていなかったが……。

1950年代の終わり頃、私は印刷機を売っていた。

ある日、夕食のあと、アイスクリームを食べようと小さなアイスクリームパーラーに入った。カウンターに座ると、店員が注文を取りに来た。私は好物のデザートを頼んだ。

「チョコレートアイスにホイップクリームを添えたものをください」

すると、店員はけげんな顔をして私を見た。

「それはチョコレートサンデーのことですか？」

「いや、チョコレートアイスにホイップクリームを付けてほしいんだけど」

「それですと、シロップ抜きのチョコレートサンデーになりますが」

「ただチョコレートアイスにホイップクリームを付けるだけだよ？　どこが違うの？」

「はい。サンデーは35セント、チョコレートアイスだけですと25セントです。お客様のご注文は、シロップ抜きのチョコレートサンデーになります」

店員はややしたり顔でそう答えた。

「いいよ。私が欲しいのはチョコレートアイスとホイップクリームだけど、それで10セント多く取るなら仕方ない」

私は観念した（50年代当時、1ドルの価値は今よりずっと高かった）。

ほどなくアイスクリームが運ばれてきて、私はおとなしく食べた。やっぱりうまい。チョコレートアイスは大学時代からの大好物だった。私は大学在学中に1年間休学して、ニューヨークへ働きにやって来たのだ。

ニューヨーカーは自己主張が強いとはよく聞いていた。だから、この一件にも、大した驚きはなかったのだと思う。

そして数日後、ウエストサイド南部にある小さなレストランで夕食をとった。食後、ウエイトレスが「デザートはいかがですか？」と聞いてきた。私は「チョコレートアイスにホイップクリームを添えたものを」と注文した。

そのウェイトレスは腰に手を置いて私を見た。

「チョコレートサンデーですね？」

――またやりますか……。

「いや、サンデーじゃなくて、チョコレートアイスにホイップクリームを添えてほしいんだけど」

すると、ウェイトレスはすかさず返してきた。

「それはシロップ抜きのサンデーだと思いますが」

何度かの言い合いのあと、最後には10セント高いチョコレートアイスのホイップクリーム添えにするしかなかった。これで2回目だ。

それから数週間、好物のデザートを注文するたびに、同じ繰り返しをしなければならなかった。

ある晩のこと。仕事でくたくたになった帰りに、マンハッタンの中心部にあるレストランで夕食をとっていた。食べ終わる頃ウェイトレスが来て、「デザートはいかがですか？」と聞いてきた。

本当は大好物のチョコレートアイスのホイップ添えを頼みたかったが、しかし、この日だけは、数週間ずっと経験してきたいつもの嫌な思いをしたくなかった。

そこで私は、「チョコレートアイスを」とだけ言った。

ホイップクリームは頼まなかった。

文句のつけようのない、単純なオーダーだ。

しかし、ウェイトレスがテーブルを離れようとしたほんの一瞬の間に、私はホイップクリームの添えられたチョコレートアイスがたまらなく食べたくなった。ウェイトレスのために我慢することなどない。

「すみません」

私は立ち去ろうとするウェイトレスを呼び止めた。

「そのチョコレートアイスにホイップクリームを付けてくれる?」

「はい、かしこまりました」

とだけ言って、彼女はその場を去って行った。

レシートを見てみると、チョコレートアイスのホイップクリーム添えの値段は25セントぽっきり。それまで35セント払わされていたのに……。

そういえば、注文のときホイップクリームをあとで付け足したことを思い出した。ウェイトレスがテーブルを離れようとしたそのときに言ったのだ。

――またうまくいくだろうか？　今後もこのやり方で注文すべきなのだろうか？

次にアイスクリームを注文したのはその翌日だった。今回は、以前アイスクリームを頼んでウェイトレスに嫌な思いをさせられたレストランにした。

おいしい食事を食べ終え、デザートを注文する段になって私はウェイトレスに、

「チョコレートアイスクリーム」

とだけ告げた。そして、彼女が注文を書きとめて立ち去ろうとしたとき、こう言い添えた。

「そこにホイップクリームを付けてくれない？」

ウェイトレスは振り返ってうなずき、そのまま立ち去った。

しばらくして、山盛りのホイップクリームが添えられたチョコレートアイスがテーブルに運ばれてきた。レシートを見ると、そこにはやっぱり「25セント」と書かれていた。

例の注文テクが2回もうまくいったのだ。

それからというもの、私はあとからホイップクリームを頼む注文方法を何度も試した。わざわざ、前に35セント払わされた店へも行った。注文の仕方ひとつ変えただけなのに、どこでも25セントしか請求されないのだ。

真偽のほどを確かめるために、以前の注文方法に戻してもみた。すると案の定、「欲しいのはサンデーじゃない」と説明しても、結局、以前と同じように10セント余計に支払わされた。

・・

だが、まだ最終テストが残っていた。

ある日、ランチを食べながら、友人に話したのだ。自分が最近思いついたアイスクリームの注文方法や、注文の仕方ひとつで勘定が決まるという話を、である。

友人は、私の話に信じられないという顔をして言った。

「それなら、やってみようじゃないか。僕が35セントの方法で注文するから、僕の注文が終わったら君はチョコレートアイスだけを頼めよ。そしてウェイトレスが行こうとしたときに呼び止めて、ホイップクリームを添えてくれと頼むんだ。これで2人に何がきて、いくら請求されるかテストしよう」

実際、その通りにやってみた。案の定、友人はウェイトレスにかつての私と同じ議論をぶつけられ、結局シロップ抜きのサンデーを注文させられた。

私はチョコレートアイスだけを注文したが、テーブルを離れようとするウェイトレスに大声で、

「アイスにホイップクリームをちょっと添えて」

と頼んだ。ウェイトレスはうなずいて立ち去って行った。

やがて運ばれてきたアイスクリームは、2つともそっくりだった。ところが、勘定は違った。

私の思惑通り、友人のはサンデー代として35セント、私のはアイスクリーム代として25セントだった。出されたものは寸分違わなかったのに。

・・・・・・・・・・・・・・・・・・・・・・・・・・

注文の仕方しだいで同じ商品の値段が変わるというのは、いったいどういう心理によるものなのだろうか?

その答えは、第1の心理的トリガー「一貫性の原理」にある。

ウェイトレスは、アイスクリームだけという私の最初の注文を受けたが、ホイップクリームという追加も認めた。なぜなら、私のもともとのオーダーをすでに受け入れ、それを

守ろうとしていたからだ。

このことを販売ではどうとらえ、活かすことができるか？

ダイレクト・マーケッターとしての私の結論はこうだ。

見込み客を顧客に転じさせるためにできる最も重要なこと、それはどれほど小さな買い物であっても、購買決定をこれ以上ないほど簡単なものにしてあげることだ。

つまり、お客に購買を決断させるコツは、単純で、些細で、お客のニーズに沿ったものにすることなのだ。

しかし、いったん見込み客が買うと決断すれば、状況は一変する。そうなったらこっちのもの。その決断を維持しようとする心理が、ある程度まで売り手に有利に働く。

そこで「ついで買い」がさせやすくなる。

たとえば、よく自動車ディーラーが使う手がある。

セールスマンは本体やオプションの総額を計算し、上司の承認を得て発注書にお客のサインをもらう。自動車の引き渡し準備のために席を立ちながら、お客に問い掛けるのだ。

「えーと、足回りのコーティングはしときますよね？」

お客は反射的にうなずき、その費用が請求書に書き加えられる。

「それと、お車が汚れないように、フロアマットもお付けしたほうがいいですかね？」

いったん買うと決めると、人はその決定に沿った行動を取ろうとする。したがって、お客はこれまたうなずくのだ。

実は、この現象を実証してくれた人がいる。プロバスケットボール球団ポートランド・トレイルブレイザーズの元ゼネラルマネージャーで、ニュージャージー・ネッツの社長、ジョン・スポールストラ（訳注・『エスキモーに氷を売る』の著者。きこ書房刊）だ。「私は自分で見込み客のもとへ出向いては、一番シンプルな基本のパッケージ・チケットを売っていた。そうして帰り際、部屋を出る直前に、さらに別のものを勧める。大方のお客さんは小さく『ああそうだね、それももらうか』とつぶやいて買ってくれた」

ここで大事なポイントの1つとして覚えておきたいのは「最初は必ず簡単なものを買わせる」ということだ。一度買わせることができたあとは、ほかのものを勧め、売上げを上乗せするのは簡単なのだ。

通信販売広告やテレビのコマーシャル番組で販売する商品についてもまったく同じだ。

私は経験上、最初に提供するものはこのうえなくシンプルなものと決めている。お客が電話で注文してきたら、その電話でほかの商品を勧め、最終的な売上げを増やす。追加商品にもよるが、5割以上の人が追加販売に応じてくれる。

いったん最初の購買決定をしたお客は、それまでの行動の延長線上で行動しようとする。買い手の心理としては、一度買うと決めたことによって、もっと買うつもりになっているということだ。

この心理をニューヨークでアイスクリームを注文することに当てはめれば、いくらか節約することだってできるのだ。

心理的トリガー1 一貫性の原理

いったん購買決定をしたお客は、「ついで買い」をするなど、最初の購買行動と一致した行動を取り続けようとする。

アクションステップ

・買い手が購入を決めた瞬間に、ほかの商品を勧めよう。
・電話セールスでは、注文を受けたあと、すぐに別の商品も売り込もう。
・対面販売では、今買ってもらった品の付属品やそれに類した商品も一緒に買ってもらおう。

心理的トリガー
2
隣人の急死

商品の売り方を決めるうえで、非常に重要なポイントを1つ教えよう。

まず、どんな商品でも、それぞれに「個性」や「特性」があるということだ。

それが分かったら、次はその商品の「個性」や「特性」を見極めることがあなたの仕事ということになる。

商品にまつわるドラマをどう伝えるか？　どんな商品にも最もふさわしい打ち出し方があるのだ。最大数の人々を買う気にさせる打ち出し方というのは、その商品がもたらす真の利益や感覚を伝えることである。

1つ例を挙げよう。

自宅の地下室でＪＳ＆Ａを立ち上げたばかりの頃、私はハワード・フランクリンに出会った。

ハワードはシカゴから来た保険外交員で、私が『ウォール・ストリート・ジャーナル』

に掲載した広告を見て、自分用の電卓を買ってくれた男だ。

彼はその電卓がすごく気に入ったらしく、あるとき、もう何個か買うために私の会社を訪れた。その後も何度か、「お得意様にプレゼントする」といって電卓を買っていった。

ある日ハワードは、「JS＆Aは成長企業だから保険に入るべきだ」と言った。

「あなたにもしものことがあったときのために、ご家族を守ることを考えたほうがいいですよ。ご家族の知らないうちに財産が増えて、税金をごっそり取られることになるかもしれませんから」

「お気遣いはありがたいけど、保険は必要ないと思っているので……」

私は決まってそう答えていた。

だが、ハワードは優秀なセールスマンだった。

地元新聞に掲載された電卓に関する記事や、何かの雑誌で見つけた電子小物の新商品情報など、何か見つけては彼の名刺を同封して送ってきた。そして、時々会社に立ち寄っては電卓を買い、「絶対に保険に入るべきですよ」と言い残していった。私はいつも「ご忠告どうも」と答えていた。

そんなある日、隣の家の前からサイレンの音が聞こえた。

その様子を窓から覗《のぞ》いていると、何分もしないうちに隣の家の人が担架で運び出された。

しかも体には白い布が掛けられていた。その日の朝、重い心臓発作で亡くなったということだった。

隣人はまだ40代だった。そして、私はそのとき36歳だった。

翌日、私はハワードに電話を掛けた。

「これまで保険や家族を守る話をさんざんしてきたよね。そろそろ自分と家族のための保険プランを相談したいんだけど……」

私はようやく一歩を踏み出したのである。

では、私にそうさせたのはハワードの営業手腕なのか？

彼の粘り勝ちだったのか？

そうとも言えるだろう。しかし、私はこの一件で、あらゆる種類の商品に当てはまる非常に効果的な販売方法に気づいたのだ。

ハワードが成功したのは、保険の必要性や任せるべき相手、誰が良き友であり顧客であるかを気づかせるだけの十分な種を、私の頭の中にまいていたからだ。

それは、買う（保険に入る）ときになって、私、ジョセフ・シュガーマンだけが気づくのだ。そして、身につまされる経験があったからこそ、私は保険の大切さに気づくことになった。隣人の死という経験があったからこそ反応したのだ。

…………………………………………

どの商品にもそれぞれ個性があり、それが分からなければうまく売ることはできない。たとえば、防犯ベルはどうすれば売れるのかということは、保険での経験からすぐにひらめくことができた。

実は、私は国内屈指の防犯ベル会社を所有していて、守っている家の契約戸数ではナンバーワンになったこともある。

商品名「ミデックス」という防犯ベルの広告を考えていたとき、ハワードのことが頭をよぎった。人に恐怖心を与えて防犯ベルを売ろうとすれば、それはハワードがうちの地下室に来て、

「あなたが死んだら、奥さんやお子さんを路頭に迷わせるつもりですか?」

と言っているのと同じだ。恐怖心を与えていては、お客はいつまでたっても保険に入る気にはならない。

同様に、犯罪統計を引用して恐怖心をあおっても防犯ベルは売れないだろう。

私だったら、まず必要性を感じなければ防犯ベルは買わない。必要性とは、近所に泥棒

が入ったとか、地域の犯罪件数が増えているとか、最近何か高価なものを買ったとかなどである。

そして防犯ベルの必要性を感じたら、自分の置かれている状況にぴったりのものを探す。何よりもこだわるのは、鳴ってくれることだ。なにしろ防犯ベルに鳴ってほしいと思う最初のときが、唯一、防犯ベルの出番かもしれないのだから。だから、鳴ってくれることが確実でないと困る。

2番目に重要なのは、私の場合、取り付けが簡単だということだ。簡単であれば、よその人間に家中を配線だらけにされずに済む。

そこで「ミデックス」の広告では、商品の信頼性の高さと、1つ1つ試験をして出荷していることの説明に紙面を割くことにした。さらに、宇宙飛行士のウォリー・シラーを推薦者として登場させた。彼の「大変満足しています」と謳《うた》ったひと言を載せたのだ。

犯罪統計を使って恐怖心をあおるような真似は決してしなかった。もしそんなことをすれば、ハワードがうちの事務所に来て「あなたは死ぬかもしれないから今すぐ保険に入れ」とわめいたり警告したりするくらいバカげたことに映っただろう。

私がしたことといえば、販売する商品の特性に気づき、お客にとって肝心な点を前面に打ち出しただけのことだ。

あとは、お客が十分な回数の広告を見るか、お客自身が恐怖心に駆られるのを待てば良かった。

私の広告を切り抜いてファイルしていたという人からの注文も数多くきた。実際に恐怖心に駆られたときに受話器を取り、注文してきたのだ。

幸いタイミングが良かったせいか、広告を見たときに買いたいと思ってくれた人もたくさんいてたっぷり儲けることができたが、それだけではない。広告を打ち切って何カ月も経ったあとでもまだ注文があったのだ。

当時、電気製品はたいてい発売から数カ月で廃《すた》れる運命にあったが、私の広告は、売れ行きが落ちるまで3年以上も打ち続けることができた。

防犯ベルのようなものを典型として、商品には、人がその商品に対してどんな期待を抱くかといった特有の性質がある。

私はハワードと隣人の早過ぎる死に遭遇したおかげで、分野は違えど関連性のある防犯ベルという商品の特性、アピールポイントが手に取るように分かったのだ。

・・・・・・・・・・・・・・・・・・・・・・

では、ほかの商品についてはどうか？

どうすれば、商品の特性を見極めたり、アピールポイントを知ることができるのだろうか？

見極めるには2つの方法がある。

1つは、自分が売ろうとしている商品を熟知することだ。

商品について可能な限り勉強すること。製造方法や使用法、さらには特殊な用途があるかもしれない。商品やサービスがお客の心や感覚をどうくすぐるか考えることだ。

そしてお客を研究する。できるだけ多くの潜在顧客に話を聞きヒントをもらうのだ。

質問をたくさんして、販売する商品に精通すればするほど、商品の本質的な特性を発見できるようになるはずだ。

2つ目にできることは、自分自身が持っている知識を駆使することだ。

これまでの人生での数知れぬ経験が、売ろうとしている商品の理解に役立つだろう。私もハワードの存在や隣人の急逝がなかったら、防犯ベルの賢い売り方に気づかなかったかもしれない。

あなたの広範な知識は、あなたの経験の集大成だ。そこからさらに情報を得ようとしてはいけない。情報はすでに存在している。あなたの豊富な経験の中から答えを「発掘」しさえすればいいのだ。

たとえば、オモチャという商品について考えてみよう。

オモチャの商品特性は何か。個人的な経験からも、オモチャは楽しむためのものだと分かるはずだ。だから商品の楽しさを打ち出せばいい。さらに勉強するうちに、お客にとって魅力的な別の側面が見つかるかもしれない。

では、血圧計の商品特性は何だろうか？

血圧計は血圧を測定するまじめな医療機器だ。つまり、「まじめな」という言葉に着目してみるとよい。

防犯ベルの特性はどうか？

防犯ベルは簡単に設置でき、いざというときに作動し、不安な家主を守るまじめな商品である。

商品のアピールポイントは、得てして常識とほんのわずかな努力だけで見つけられ、理解できるものなのだ。売る商品の特性が分からなければ、商売はうまくいかない。

どんな商品にもそれぞれ特有の性質、つまり、商品ならではのお客との接点がある。だからこそ、商品の特性を理解し、商品とお客との一番ぴったりくる接点を見つけることだ。

そのアピールポイントが成功を導く販売戦略のカギとなるのだ。

心理的トリガー 2 適切なアピールポイント

どの商品にもそれぞれ特有の性質や個性があり、お客が共感できる特徴がある。商品特性を認識し、お客との接点を見つけることができれば、売るための手掛かりになる。

アクションステップ

・あなたの商品を買いたくさせる主な理由を感情と合理性の両サイドから見極め、その理由を前面に打ち出すセールスを組み立てよう。

・お客があなたの商品に興味を示すのは、どんな理由からか考えよう。

心理的トリガー 3 愛とキャンパス売春婦

セールスでは、売ろうとする商品のアピールポイントだけでなく、顧客の特徴を知ることも重要だ。

この極めて重要な心理的トリガーを知ったのは、私が大学時代、男子学生の社交クラブ（フラタニティ）に入ることを考えていた頃のことだ。

当時、私は大学に存在したあらゆる社交クラブの中で、一番人気のないクラブを選んだ。なぜなら、しばらくの間いくつものクラブを覗《のぞ》いているうちに、そもそもなぜ男子学生が社交クラブに入るのかが分かったからだ。

それに気づいた私は、キャンパス一人気のないクラブを自分ひとりの力で最高のクラブにできるはずだと考えた。会員が劇的に増えるような効果的なマーケティングを思いつければいい。

私が取ったアプローチとは、こうだ。

顧客（学生）の特徴を考慮し、それをうまく利用して、よそのクラブではなく私の所属するクラブに入会したくなるような勧誘をする。そうやって大勢のメンバーを集め、今はひどくても、そのうち最高レベルの組織に変えてみせるというプランだ。

甘い考えだと思うかもしれないが、本人は自信もやる気も満々だった。

クラブに入会し、手続きを済ませると、私は会員の誓いを立てた。そして、仲間（会員）たちの前に進み出て「サバイバル作戦」と名付けた我が計画を発表したのだ。

実は、学生たちがクラブに所属したがるのには、2つの心理的動機がある。

1つは女の子との出会いの場として、もう1つは兄弟さながらの友愛を求めて。よって新会員、いわゆる「プレッジ（入会希望者）」を集めるには、クラブの恋愛効果や社交効果を疑似体験させればいい。

目標は、学内で最多の入会希望者を集めることだ。もし新会員を大勢獲得できなければ、このクラブは間違いなくつぶれる。それほどひどいクラブだったし、勧誘もうまくいっていなかった。

まさに「サバイバル作戦」だったのだ。

さて、私のプランはいたって単純。2つのアイディアを実行することだった。

1つは、とびきり美人でセクシーな女の子たちを親睦会の「おもてなし役」として呼んでおくことだった。

普通は、現メンバーのガールフレンドに頼むのが恒例だった。しかし、私はそれは嫌だった。そう、男どもが後々まで話題にするような、世界級の美女たちでなければならないのだ。

もう1つのアイディアは、新会員にメンバーを紹介する際、自己紹介ではなく仲間を紹介し合うというものだ。その際には、仲間を必ず愛のこもった心温まる表現で紹介しなければならない。

私はメンバーたちにこう言った。

「仲間の肩に腕を回し、隣にいる男がどれほどすばらしい人間か、自分が彼をどんなに心から尊敬し慕っているか、これから入るヤツらに教えてやってくれ」

ところが、世の中そううまくいかないようだ。

第1に、学内に美人はいた。しかし、我々のクラブに興味さえ示さないのだ。

第2に、メンバー同士の仲が悪過ぎた。むかつく仲間に愛情表現なんてムリな話だ。

しかし、ちょっと工夫するだけで良かったのである。

まず、女の子についてだ。私は近くのストリップ劇場から超美人ストリップ嬢を4人雇った。若くてセクシーなストリップ嬢たちは、3回開催する予定の親睦会で、女子学生になりすまし、もてなし役を務めることを快諾してくれたのだ。

男どもには、肩を組む特訓をした。それまで仲良くするなんて無縁で不快以外の何ものでもなかったから、彼らは我慢ならない様子だった。しかし、芝居はうまくいった。

結局私たちは、ほかのクラブを抜いて大学史上最多の入会者を獲得した。それだけでなく、この経験によって本当に親しくなった会員同士もいて、クラブ全体が新しく生まれ変わった感じだった。

もてなし役を演じた女の子たちのことがキャンパス中で大きな話題になり、3回目のパーティでは会場に入りきれないほど人が集まった。しかも、楽しい思いをしたストリップ嬢たちは、知り合いの美女たちを連れて来てくれたのだ（そのうちの1人はなんと売春婦だったが、それについてはまたあとで話そう）。

学生たちは、恋愛、友愛、そして美しい女性に感激した。感激し過ぎて、入会手続きのときには文字通り頭を下げて入会を希望した。

今回の商品（クラブ）とお客（出会いと社交の場を求める若い学生）にとっての心理的トリガーは何なのか、私には分かっていたのだ。

このケースでは、「顧客の特徴」を知ることが何より重要だった。顧客の特徴とは、売り込みに最も反応する顧客感情のことだ。

「サバイバル作戦」は大成功し、私のクラブは学内でトップクラスの会になった。それもたった1つのマーケティングによって、ほんの数週間という短い期間で完了してしまったのだ。

この極めて重要なコンセプトを、別の例でもう少し説明しておこう。

1対1のセールスのとき、この心理的トリガーをどんなふうに使うと有利になるのか？

それには、商品のアピールポイントと顧客の特徴の「関連性」を知ることだ。

まずお客を熟知すること。聴き上手になり、お客本人と関わり、お客をよく知っている人たちとも対話してみるといい。そうすれば、お客の特徴やお客が買いたいと思う感情的理由が分かってくるからだ。

もし私が住宅を売るとしたら、お客の購買動機、そして住宅に何を求めているかを理解しようとする。お客の過去を知ろうとする。これまでの住宅購入経験や趣味を聴き出す。

お客に関する情報をできるだけ集め、どのような感情的、合理的ニーズがあるかイメージしてみる。

お客のニーズや特徴を理解すれば、たいていはその情報だけで非常に効果的なセールスが組み立てられるのだ。もちろん商品のアピールポイントは、そうした顧客の特徴がぴったりマッチしていることが理想だ。

お客には、あなたの商品が満たすべき基本的な感情的ニーズがある。その事実は手の込んだ商品だろうと単純な商品だろうと関係ない。

お客の感情的ニーズを調べること。とりあえず、合理的なニーズについては忘れていい。

お客が買いたいと思う動機の本質の部分は、感情を酌《く》んでこそ理解できる。そして、お客の心に近づくためのさまざまなヒントは、「感情」にこそ隠れている。

心理的トリガー3 顧客の特徴

お客を知ること。何がお客を買う気にさせるのか、あなたの商品を買う感情的・合理的理由が分かれば、売れる手掛かりをつかんだも同然となる。

アクションステップ

・あなたの商品のどんな点が重要なのか、お客から聴き出そう。
・さまざまなアピールポイントを使ってテストを行い、最も効果のあるものを選ぼう。

心理的トリガー 4

臭いもののフタは開けろ

たとえば、こんな感じのことだ。

あなたはお客に商品を売り込もうとする。しかし、心の奥底では欠陥品だと思っている。そう。商品の見た目は最悪。そればかりか、商品名もダサい。いつもはデザイン賞や技術賞に選ばれるほどの一流品ばかりを扱っているが、今回の商品は超ダメ品だ。

私は昔、まさにそんな困難に直面したことがある。

デトロイト近辺の小さな会社が作った温度計を販売したときのことだ。

商品名は「マジックスタット」。覚えてもらえるほどの名前でもない。プラスチックのケースも安っぽかった。もうトーマス・エジソンの時代の商品かと思うほどだった。

しかし私は、商品の欠点を隠すようなことはしなかった。むしろ真っ先にお客に伝えることにしたのだ。はっきり欠点と言い切って……。

『私自身も初めてマジックスタットを見たとき、商品のカッコ悪さと変なネーミングに幻滅した』と広告した。要するに、商品の欠点を一番に取り上げた。欠点を伝えておいて、そのあとのコピーで商品の本当に優れた特徴を取り上げ、初めに挙げた欠点を打ち消してしまうのだ。

明らかな弱点や欠点のある商品を売るときには、私は必ずその弱点や欠点をコピーの最初に持ってきた。いわば、「臭いものにフタ」をせず、真っ先に、正直に披露してしまうのだ。

これは、セールスでは重要なことだ。

以前、不動産をお客に見せるとき、まずどんなケチをつけられそうかを予測した。そして、まず自分から先に欠点を切り出した。欠点を最初に伝えれば、相手の警戒心が意外なほど解けてしまうのだ。それだけではない。欠点の大きさ、ネガティブイメージさえも軽減されるのだ。

・・・

イリノイ州ノースブルックに、私が長い間住んでいた美しい家があった。その家を売りに出したとき、不動産屋からは「立地条件が良くないから希望の価格では売れないかもしれない」と言われていた。裏庭が大通りに面しているというのが理由だ。不動産屋が言うには、それが私の家で唯一の問題だった。

私は家全体の解説書を作った。そして、この唯一の欠点を隠すのではなく、初めに大通りの部分に言及した。

「この家の唯一の欠点は、裏庭が大通りに面していることだと思います」

そう書いてから、道路と家の境界に植木が何本もあり、その植木が道路からの音を遮断してくれることを説明した。さらに、近所にも大通りに面した建築中の高級住宅が何棟かあり、私の家よりかなり高い値で売られていること。そして、家が幹線道路沿いに建っていると消防車や救急車のアクセスが確保できるといった安全面も強調した。

結果、家は10日も経たずに、希望通りの価格で売れてしまった。

不動産屋の営業の女性は、住宅のセールスで欠点を最初に切り出すことがいかに効果的かを目《ま》の当たりにしたわけだ。

欠点は、マイナス面を最初に提示することでお客の抵抗感を抑えたり、場合によってはまったく取り除いてしまうことだってあるのだ。

なぜか？

まず、お客をだませるなんて思わないほうがいい。

もし売ろうとしている商品に本当に欠点があるのなら、お客は必ず感づき、気づき、見抜く。あなたは「客の目なんかごまかせるさ」と思っているかもしれない。しかし、お客はあなたが思っているよりずっと鋭いのだ。

だからもし、売ろうとしている商品に欠点があり、それに相手が気づいたり、反応したりする可能性があるなら、最初にそれを取り上げてしまうことだ。セールスの最後のほうまで待つのではなく、真っ先に。

欠点を最初に提示することによって、お客は初めに持っていた警戒心を解いてくれる。そして、あなたのことを人をだます人間ではなく正直者とさえ思ってくれる。

信頼や敬意を抱いたお客はバリアが低くなる。そして、あなたの商品やサービスの本来の利点を受け入れようとしてくれるのだ。

お客の警戒心を解いたら、次のステップは欠点を克服することだ。欠点を取り上げるのも大切だが、欠点は克服しなければいけない。それも大切だ。

欠点を出して、それを解決することは重要だが、問題点をセールスの最初の段階で提示することこと、これはもっと重要なことなのだ。

心理的トリガー 4 欠点の告知

あなたは商品特性を把握し、お客を理解し、すばらしい商品を持っているとしよう。しかし、もし致命的な欠点があるのなら、広告コピーや売り込みで、あなたの商品の欠点や難点を真っ先に伝えなければならない。

アクションステップ

・あなたの商品の中で、一般的にマイナスとされる特徴を判断し、セールスの早い段階で取り上げよう。

心理的トリガー5 災い転じて……

臭いものにフタをせず、なるべく早くお客の前にさらすことが重要なように、欠点を取り除くことも同じくらい重要だ。

「心理的トリガー4」で挙げた例では、初めに欠点を認め、売り込みに対するお客の抵抗感について取り上げることをお話しした。だが、大変なのはこのあとだ。お客の抵抗感を克服しなければならないからだ。

たとえば、温度計を販売するとき、「お客が自分で取り付けなければならない」のだとしたら、広告の冒頭で私はその問題を真っ先に取り上げる。ほかの商品を売った経験から、電気配線が必要な取り付け商品は敬遠されることを知っているからだ。

いつも私は「売り込みへのお客の抵抗感」を先読みし、克服することによって販売における一番の障害を取り除いてきた。

温度計の広告では、自分で取り付ける必要があることを伝えたあとで、温度計の配線には電圧が24ボルトしか流れていないため危険がないことを説明した。また、ワイヤーはすべて色分けされているので取り付けが簡単なことも付け加えた。

これに対し、ライバル会社の多くは「売り込みへのお客の抵抗感」を取り上げもせず克服もしない。だから広告も失敗に終わっている。

これは重要なポイントだ。「売り込みへのお客の抵抗感」を前もって処理することもせずに、ただ説得するだけではダメなのだ。


私がある出来事から気づいたことを例として説明しよう。

自家用飛行機を操縦していた私は、目的地のイリノイ州ウィーリングのパルウォーキー空港まであと50マイルのところにいた。完璧なフライト日和だった。空は晴れ渡り、めずらしく何マイル先も見通せるほどだった。しかし、パルウォーキーに近づくと航空管制塔がいつになく静かだった。

さらに近づくと、遠方シカゴのオヘア空港近くで大きな炎が上がっているのが見えた。

着陸して機体を停め、空港事務所に入ると、テレビではたった今、アメリカン航空191便がオヘア空港を離陸直後に墜落し、乗客全員が死亡したことを伝えていた。1979年5月25日。私の脳裏に焼き付いて離れない出来事だった。

墜落したのはＤＣ10型機だった。その機種は、マクドネル・ダグラス機の中で最も大ききく最も普及した機種の1つだ。

墜落後まもなく、油圧系統に問題があったこと、それが一定の状況下ではコントロール不能になり、墜落を招く恐れがあったことが明らかになった。マクドネル・ダグラス社は即座に故障箇所を修理したが、しばらくの間、同型機はすべて飛行停止になった。

しかも、DC10型機は短期間にさらに2度も墜落した。2回の墜落は飛行機の不具合によるものではなかったが、アメリカン航空機墜落の悪いイメージがまだ人々の記憶に残っていたのだ。

飛行機メーカーのマクドネル・ダグラス社は、自社のマイナスイメージを払拭するために何か対策を講じる必要があると考えた。同社は元宇宙飛行士、ピート・コンラッドを起用した広告を打ち、人々の不安を打ち消そうとした。しかし、航空機が墜落したという問題（この場合の心理的抵抗）を取り上げることさえもせず、まったく無視した。

結果、広告の中身はからっぽだった。広告はDC10型機がいかに安全で、厳しい基準によって製造されているかということ、そして、開発には1800万時間もの工数がかかっていることを延々と伝えていた。しかしそこには、

「最近起きたDC10型機の一連の墜落事故についてはご周知の通りだと思いますが、いくつか皆様にお伝えしたいことがあります」という簡単でいて重要な一文が抜けていたのだ。

私ならそう言ったあとで、いくつかの点を取り上げる。

まず第1に、墜落は油圧系統が異例の状況下に置かれたために起こったこと。第2に、原因を改善するための対策について。そして、今後の点検方法、事故後に搭載した安全システムのこと。それらについて語ることで、信頼回復を図るだろう。

要するに、私ならお客の心の抵抗感、つまり消費者の頭に浮かぶ「疑念」を先に言及したうえで、手を打ってある対策を伝えて乗り越えることだろう。

宇宙飛行士ピート・コンラッドのセリフを使うのは、そのあとなのだ。

コンラッドを使った広告では、飛行機の製造品質のよさをアピールするばかり。ところが、お客の頭にあったのは製造品質ではなかったのだ。コンラッドはＤＣ10型機の品質の高さは伝えたが、大切な機会を失った。何よりも事故のことを最初に取り上げなければ意味がない。まして、お客の頭にある本当の興味に答えなければ何の意味もないのだ。

ＤＣ10型機の広告を作った代理店とそれを承認した企業には、広告を打つ別の目的、つまりマーケティングというよりは、法的な意味合いがあったのかもしれない。しかし、たとえそうだったとしても、明らかに役立たない広告だった。

販売プロセスでは、セールスの初めの段階で「お客の抵抗感」に焦点を合わせることが重要だ。それに負けず劣らず重要なのは、「抵抗感」を克服するための戦略を立てることだ。それが売り込みに対するお客の抵抗感を確実に予測し、素早く解消することで、お客の信頼を得ることにつながるのだ。

商品やサービスにどんな欠点があり、その欠点がどれほど深刻で隠したくなるようなものであっても、セールスの初めに表面化させ、対処しなければならない。

言い替えれば、「いかにしてピンチをチャンスに転ずるか」ということなのだ。

困難があるところには、同時に大きなチャンスが存在していることがよくある。そのおかげで欠点が取るに足りないものになってしまうのだ。チャンスを見つけられるかどうかはあなたしだいなのだ。

その例を挙げよう。

私がマイナスイオン発生器を販売していたときのことだ。その商品は、マイナスイオンを発生させ、空気中のミクロの雑菌に付着して沈殿させるというものだった。

製品はカッコ良かった。つややかな黒のシリンダー状で、先端に角度がつき、普通なら芸術品とも呼べるような代物だった。ところが、ちょうど斜めに曲がった突端のど真ん中に変なものがくっついている。

「スチールたわしか?」と思うような金属部品。あり得ない！

それがガンだった。たわしのせいで、とても最先端をいく商品には見えない。

私のとった対策は、広告の見出しを工夫しただけだった。

「奇跡の綿毛」

そう掲げ、スチールたわしの部分（私が「綿毛」と名付けたもの）が、この製品の秘密であり、最先端の粋を集めた奇跡として注目させたのだ。金属部品は、実際マイナスイオンを放出させるためのもので、性能上重要な役割を担っていた。

消費者にとって、金属の醜い部分は、「変てこりんなスチールたわし」から一転して、新しい機能に不可欠な「奇跡」に変わった。この広告は何年も続き、当社で最も人気を博したものの1つになった。

問題と呼べるものに遭遇するたびに、私は反射的に「チャンスはどこか」と考えている。私がクライアントに言われて一番うれしかったのは、私の作る広告は警戒心をすっかり取り除いてしまうと言われたときだ。

クライアントは、私が誰も取り上げようとしない商品の問題点を取り上げ、大きな利点に転換して一挙に解決してのける方法を評価してくれていたようだ。

抵抗感の克服という方法は、人的販売でも簡単にできる。

まず紙を1枚用意してほしい。片側に商品に対するお客の抵抗感を予想して書き出す。次に、反対側に今挙げた抵抗感を克服してチャンスに変える方法を書き出すのだ。

ただし注意が必要だ。ここでは消費者感覚がものをいう。お客にとって大したものではない抵抗感を取り上げてしまうと、気づかなくてもいいことまで気づかせてしまう。大したことのない抵抗感のために対処だってしなければならなくなる。

ここで挙げる抵抗感とは、お客が誰でも思いつきそうな典型的で重大な問題でなければならない。競争相手、価格、納期など、抵抗感がどんなことであれ、セールスで早々に取り上げ、先手を打って賢く克服することだ。

もしお客が予想を超えた、あるいは問題になるとは思いもしなかった抵抗感を感じたらどうするか?

対面販売ならば、その場で対処するチャンスがある。対処できれば、同じ商品を別のお客に売る際にまた同じ抵抗感が出ても対策は万全だ。あわてる必要もなくなる。

私が通信販売広告を作っていたときは、思いつく限りの抵抗感を想定しておく必要があった。そうしなければ売れなかったはずだ。しかし対面販売なら、お客が言葉にさえすれば抵抗感は正確に分かる。お客が目の前にいることほど恵まれていることはないのだ。

では、商品説明をしている最中に、想定していなかったとんでもないことが起こった場合はどうすればいいのか?

「とんでもないこと」は、お客の頭の中で自動的に抵抗感に変わる。そうなったらもう賢く対処するしかない。

・・・・・・・・・・・・・・・・・・・・・・

1998年8月に、そんな出来事があった。

当時、私はアメリカのQVC(テレビショッピングチャンネル)の系列局であるロンドンのQVCに出演し、イギリスの視聴者に「ブルー・ブロッカー」というサングラスを売り込んでいた。

番組ナビゲーターのロブが、ブルー・ブロッカーがどれだけ頑丈か実証しようとしていた。彼はそれまでにも、サングラスを床に放り投げ、大足で踏み付けていた。ブルー・ブロッカーは何事もなく、サングラスの頑丈さ、耐久性を証明していた。

しかし、この日まったく予期していなかったことが起こったのだ。

ロブがブルー・ブロッカーを床に放り、大足で踏ん付けると、サングラスはちょうどヒンジ（折りたたむ蝶番《ちょうつがい》の部分）のところで真っ二つに割れてしまった。床にサングラスが壊れて横たわっているまさにそのとき、お客の頭の中は抵抗感でいっぱいになっただろう。

だが、前にも言ったはずだ。どの問題にもチャンスが潜み、チャンスには問題よりもはるかに大きな力が備わっているということを。

このあとどうなったか教えよう。

ロブが文字通り言葉を失っている横で、私は笑ってこう言った。

「ロブ、サングラスを壊してくれてありがとう。いや、本当だよ。視聴者の中には、QVCで行っている商品デモをやらせだと思っている方も多いようですが、これでお分かりでしょう。QVCが生放送で、商品テストが本物であることが証明できました。それとサングラスが壊れた箇所を見てください。ちょうどヒンジのところです。そこは私がずっと以前から、サングラスの最も弱い箇所だと言ってきたところです」

次に私は、真っ二つになったブルー・ブロッカーを拾い上げ、こう言った。

「ヒンジの壊れた部分が強化されているのが分かりますか？　強化されていても壊れましたが、ブルー・ブロッカーが壊れるとしたら、この箇所以外は考えられません。ただ、もし本当に壊れてしまったときは、ブルー・ブロッカー社に送り返していただければ、1年間の保証期間中は新品とお取り替えします。お客様の責任で壊れたとしてもです」

私はこの劇的な瞬間を利用して、消費者の頭にあったいくつかの抵抗感と、デモンストレーションをしくじったせいで生まれてしまった抵抗感を克服してしまった。しかも、その場で即座に……。

つまり、生身の人間だから失敗もすること、生番組であること、商品に何があってもサポートすることを実証したのだ。それだけでなく、ヒンジ部分をどれだけ強化しているかを見せるドラマチックな機会でさえあったのだ。

その日、QVCのほかの司会者たちは、壊れたサングラス事件の話で持ち切りだったが、話題の中心は、私がどのように難局を切り抜け、プラスに変えたかについてだった。

・・・・・・・・・・・・・・・・・・・・・・・・・・・・・

プレゼンテーションで失敗をして最悪の事態に陥ったときには、この大事なストーリーを思い出してほしい。失敗がすぐさま抵抗感を呼んだ、今このときがまさに克服するときなのだ。

失敗を克服できたら、事態が起こらなかった場合よりもお客の信用を得ることができる。QVCで私が克服したように。実際、この日のブルー・ブロッカーの売上げはふだんより多かった。それもデモで失敗したおかげだと私は思っている。

お客の抵抗感を克服すると自信が生まれ、信頼を獲得し、誠実さが伝わるだけではない。セールスを完結させるために解消しなければならないお客自身の葛藤さえも解消してしまうのだ。

心理的トリガー5　抵抗感の克服

広告コピーまたはセールスの初めに、お客の感じる抵抗感を取り上げたら、次にそれを克服すること。克服なしには、お客は買うべきでない理由を強く持ったままになる。

アクションステップ

・お客の抵抗感が実は大した問題ではないことを証明しよう。
・商品の長所、もしくは商品の長所に比べれば短所など取るに足りないことを示そう。

心理的トリガー6

No.1テレビセールスマンの秘密

ある家電小売店でテレビを売っているベテラン熟練テレビセールスマンから聞いた話だ。彼はこれまでで一番優秀なセールスマンで、売上げ成績は常にトップ。販売テクニックもすばらしかった。しかし、私がすごいと思ったのは、買ってくれそうなお客を見分ける彼なりの方法だった。

彼は、ただ通路に立って店に入ってくるお客を眺める。まずは観察するのだ。お客がテレビに近づきチャンネルを回し始めたら販売チャンスは5割。チャンネルを回さなかったら販売チャンスは1割だという（もちろんリモコンができる前の話）。

この方法をダイレクト・レスポンス広告（訳注・新聞、雑誌、テレビなどの広告媒体を通じて、直接消費者に商品を販売するマーケティング手法。電話や返信はがきなどで直接問い合わせや注文を受ける）にも活かせるだろうか？

まさか人の家の郵便受けや居間にしのび込むわけにはいかないから、自分の打った広告を見るお客の姿をじっと観察する機会はない。つまり、お客がチャンネルを回す場面に居合わせることはできない。

しかし、チャンネルを回すのと同等のことをさせることはできるのだ。お客に商品と関わらせたり、所有者気分を味わわせたりするのである。

事実、私の作った広告は、読み手が商品を手に取ったり、使ったりしている自分の姿を想像できるようにしている。

たとえば、電卓の広告にはコピーをこう書いたものがあった。

「ライトロニクス２０００を手に取れば分かる。ほら、軽いキータッチでもちゃんと反応が返ってくる。それに、このコンパクトさ、軽さはどうだ」

読み手の想像力を利用してチャンネルを回す感覚を作り出す。言ってみれば、読み手を空想旅行に連れ出して心をつかむのだ。

広告を読んだ人は、本当に電卓を手に取り、私が描いた通りの体験をしていると思い込む。メンタルな力によって、お客の頭の中にすっと絵が浮かび上がる。つまり、お客は心の底からビジュアル・イメージを期待しているのだ。

人的販売でも、ほとんど同じ考え方ができる。商品やサービスを「体験」させることによって、お客は自分の横を並んで歩き、同じ香りを嗅ぎ、同じ感覚に浸る。

私がスポーツカーのコルベットの広告を書くとしたら、こんな感じだ。

「新型コルベットで走る。頬をすり抜ける風を感じながら、暖かな夕暮れどきを駆け抜けていく。多くの振り返る顔がサイドミラーに映る。アクセルをグッと床まで踏み込むと、そのほとばしるパワーに体はバケットシートの背面まで沈み、張り付いて動くことができない。ダッシュボードには、エレクトロニクス技術の粋が目の前に広がる。アメリカン・スーパー・スポーツカーのパワーを感じるだろう」

対面販売で売るとしたら、お客に車を体験させる。タイヤを蹴らせるもよし、ドアをバタンバタン閉めさせるもよし。車を体験してもらうためなら何でもいい。お客に体験させればさせるほど成約に近づくのだ。

ダイレクト・レスポンス広告では、読み手を巻き込むために使う小道具のことを「インボルブメント・デバイス」と呼んでいる。お客を販売プロセスに引き込むための仕掛けだ。

なかには、肯定イメージを繰り返すとはいえ、ばかばかしいものもある。

「『イエス』ディスクを『イエス』スロットに差し込めば、もれなく当社の新刊雑誌をお試し購読いただけます」

いったい、誰がこんな単純で子どもじみたコピーを思いつくのだろう。

しかし、ダイレクト・マーケッターたちが口をそろえて言うように、この種のインボルブメント・デバイスで、反応率が2倍や3倍になることはよくある。子どもじみているどころか、ダイレクト・レスポンス広告では非常に効果的な巻き込みテクニックなのだ。

読み手は勧誘につられ行動を起こそうという気になる。言葉の力によって、行動を起こすか、起こす自分の姿を想像してしまうのである。

・・

私の娘のジルが4歳だったときに取った行動から、人は本当にセールスメッセージにつられることがあるのだなと実感したことがある。

『ピーナッツ・バレンタインデー』というテレビ番組をジルと7歳の姉エイプリルが見ていた。それをそばで見ていた妻から聞いた非常に興味深い話だ。

主人公チャーリー・ブラウンがクラスのみんなにバレンタイン・カードを配りながら(訳注・アメリカでは男の子が女の子にカードや花を贈るのが一般的)、渡す相手の名前を1人ひとり読み上げていた。

「サラ、メアリー、サリー……ジル。ジルはどこ?」

とチャーリー・ブラウンが言った。すると、娘はさっと手を挙げ、

「ここよ！」
と返事をしたのだ。彼女は番組に夢中になり過ぎて、自分もその一員になりきってしまったのだ。

私もインボルブメント・デバイスをよく使う。販売するものと連動したインボルブメント・デバイスを使うと非常に効果的だ。

私が書いた広告の中から、ぴったりの例を紹介しよう。この広告の結果は本当に意外なものだった。

売ろうとしたものは、「フランクリン・スペリング・コンピュータ」というスペルを正す電子辞書だった。初めて世にお目見えしたときは、かなり斬新だったため、たちまち人気商品となった。ライバルもこの商品を売っていたが、私は1号機よりもちょっと高機能なモデルを売ることにした。

商品をよく見ると、価格設定が高過ぎるように感じた。が、安くしたらメーカーに怒られる。そこで、インボルブメント・デバイスを使って値段を下げることにしたのだ。

まず、商品紹介の広告を書いた。ここに、一風変わったオファーをつけた。私が書いたコピーにはスペルミスがいくつかあった。スペルミスに気づいた人は、その単語を○で囲って返送する。すると、○で囲った単語1つにつき2ドル電子辞書を安く買えるのだ。

思いつきは単純だった。つまり、スペルミスが全部見つけられなかった人は、全部見つけられた人に比べて、高いお金を払って電子辞書を買わなければならないが、それは仕方がない。なぜって、その人はそれだけ電子辞書が必要だからだ。

最初の広告が『ウォール・ストリート・ジャーナル』に載ると注文が殺到した。それだけでなく、久しく音沙汰のなかった人たちからも電話が掛かってきた。

「ジョー、聞いてくれよ。この1時間半、ずっとスペルミスを探していたよ。君の変な電子辞書とやらを買う気もないのに。『ウォール・ストリート・ジャーナル』を普通に読むのだってこんなに時間をかけたりしないよ」

そして、届いた解答は意外だった。私は読者がスペルミスを全部見つけると思っていた。実は、「スペルミス」という単語にさえスペルミスを入れたのだ。返信をすべて集計してみると、驚いたことに正解率はたったの50パーセントだった。

おかげで、この広告で予想以上に儲けることができた。言うまでもなく、電子辞書を必要とした人たちも本当に有益な買い物をしたことだろう。

読み手を巻き込むような広告コピーはとても効果があるが、インボルブメント・デバイスを連動させれば効果は絶大になるのだ。「巻き込み」という心理的トリガーは非常に重要なコンセプトなので、対面販売をする人もよく肝に銘じておいてほしい。

たとえば、お客を販売プロセスに引き込む。自動車を売っている人はお客に試乗させる。それが肝心だ。なぜなら、お客は義理を感じ、潜在意識ではもう買うつもりになっているからだ。

では、扱っている商品が産業用機械だったらどうするのか？

たとえば、病院向けの新型CTスキャンであれば、とても引っ張って歩くわけにはいかない。この場合、お客をどう巻き込めばいいのか？

機械をまるごと持ち込むわけにはいかないが、一部なら持っていけるはずだ。お客と話をしながら、機械の部品を渡して手に取ってもらう。まさかと思うだろうが、これだけでお客は販売プロセスに引き込まれる。手に取ってもらうことは非常に効果的なインボルブメント・デバイスになるのだ。

機械のスペアパーツの入った箱を一緒に開けてもらう。あなたがやっていることに積極的に関わらせ、販売プロセスに参加させる。こういった行動すべてがお客を巻き込み、知らないうちにお客をあとに引けなくさせるのだ。

「オーナーシップ」という発想も巻き込みとよく似ている。お客に所有者気分を味わわせる点が違うだけだ。

広告の例を1つ挙げてみよう。

「エクササイズ器具が届いたら、即トレーニング開始。まずウエイトを調節。ベッドの下にも難なく収納できます」

つまり、読み手にもう商品を買ったような気にさせる。巻き込むためには所有者となった自分の姿をイメージさせればいいのだ。

人的販売でも同じ手が使える。商品がお客の自宅や会社や工場でどう役立つのかを教えてあげることだ。それをヒントに、お客は所有者になった自分を想像し、購買意欲を高める。

屋外プールを販売するとしたら、こういう言い方ができる。

「とても暑い日。家の裏庭にあるプールで、子どもたちと一緒に遊んでいる自分を思い浮かべてください。プールにはどんな遊び道具がありますか？」

会話の中で、お客は裏庭のプールや、水しぶきをあげながらオモチャで遊ぶ子どもたちの姿を想像する。

「巻き込み」も「オーナーシップ」も、販売の世界では昔から使われていた手法だ。販売成功を導く重要なポイントとしてよく知られている。しかし本当に、売上げを劇的に伸ばすほど効果があることはあまり知られていない。この事実は、ダイレクト・レスポンス広告では実証済みだ。優れたインボルブメント・デバイスを使った広告は、反応は2倍か、場合によっては3倍にもなる。

「巻き込み」や「オーナーシップ」を人的販売で使ったら、いったいどれだけ効果のあるセールスになるのか。これは自分で試してみるしかない。

心理的トリガー 6 巻き込みとオーナーシップ

お客に話し掛けるときは、あたかも相手があなたの商品を所有しているかのように話す。お客の想像力をかき立て、購買プロセスへの参加意欲をそそる。

アクションステップ

・広告では、お客がすでに商品を使用しているか所有しているかのような表現を用いてみよう。たとえば、「この手触りを感じてください」など「感覚」に訴えてみよう。

・人的販売では、商品に関係するものを手に取る、チャンネルを回す、試乗する、タイヤを蹴飛ばすなど、お客に体験してもらおう。

心理的トリガー7 「手を上げろ!」でお金をもらう

「誠実」という言葉を辞書で引くと、「健全で道義的なさま。まじめ、正直、真心」と書いてある。そんなことは分かりきったことだ。

しかし私は、もっと単純に、誠実とは「有言実行」のことだと思っている。言動が一致している限り、人は誠実だ。だから、犯罪者にだって誠実な人はいる。正直でなくても真心がなくてもいいのだ。

医者で起業家の友人がいた。ただし、ビジネスウーマンとして優秀だったとは言い難い。彼女は数多くの取引きで失敗し、しょっちゅう弁護士の世話になっていた。弁護士たちにとってもまた、彼女はいいカモだった。

ある日、彼女は強盗に遭った。拳銃を持った男が車の横から近づき、発進しようとしていた彼女の頭に拳銃を突き付けて言った。

「命が惜しかったら金を出せ!」

迷うまでもない。彼女はお金を差し出した。

あとになって私にこの話をした彼女は、「その男は誠実そのものだった」と言った。

「男は欲しいものを要求し、私はその要求に応えた。そうしたら逃がしてくれたわ。私が雇っている弁護士連中より、ずっとマシよ」

・・・・・・・・・・・・・・・・・・・・・・・・・・・・・・・・

何を言ったとしても言ったことは守らなければならない。こうすると言ったら実行すること。約束は守ること。良いサービスを提供すると言ったら、良いサービスを提供すること。要するに「有言実行」「言行一致」だ。

私の良き友人で、ベストセラー『愛と怖れ』（ジェラルド・G・ジャンポルスキー著、ヴォイス刊）の著者ジェリーは、「誠実」を「考え、言葉、行動に矛盾がないこと」と定義している。

お客は相手の話し方を見て、どの程度誠実な人なのかを素早く感じ取っている。ときには、それ以上に微妙なことも感じ取ってしまうのだ。

プレゼンテーションで話したことに矛盾があったら……、何の裏付けもない主張をしたら……、分を超えた発言をしたら……、お客に簡単に気づかれてしまうだろう。お客には、信用され好意を持たれなければならない。せっかくの信用や信頼、好感が間違いなく崩れる要因が、言行の不一致なのだ。

誠実かどうかは、たとえばショールームを見て分かる場合がある。いくら広告でクリーンなイメージを打ち出しても、商売をしている場所が散らかり雑然としていたら、私の言う「誠実＝言行一致」からはずれている。高級品を販売する人がジーンズをはいていたら、言行一致とは言えない。格安商品を売っている人なら話は別かもしれないが。

私はハワイのマウイ島で過ごすことが多く、現地の友人も多い。

マウイは霊的目覚め《エンライメント》のメッカとも言われているところで、住民の多くが霊的真理について明確な知識を持っている。一方で、いかにも真理に従って生きているように言いながら、本当はまったく分かっていない人々もいる。

たとえば、霊的目覚めの中で最も基本的なことに、「人を勝手に判断せず、その人のありのままを受け入れる」というのがある。一番大きな声で自分が霊的だと豪語する人ほど、友達の陰口をたたいたり、批判したりしているように見える。そういう人々は、言行が一致していないのだ。

霊的真理を誰よりもうるさく語っているのは、同じ霊的真理を誰よりも侵している輩《やから》だ。本当に霊的な私の友人は、ほとんど口には出さないが、きちんと真理に従って生きている。

セールスでどんなに弁舌を振るっても、行動がともなわなければ誠実な人だとは思ってもらえない。

シェークスピアのある戯曲に、「ご婦人は抗議し過ぎる」というセリフがある。有罪と思われる登場人物が大げさに罪を否定して隠そうとしているのを咎《とが》めた言葉だ。

しかし、しょせん完璧な人間なんかいない。だったら、どうしたらもっと誠実になり、販売チャンスを増やすことができるのか？

一番良い方法はたぶん、意識することだろう。自分の考え、言葉、行動が一致していなければいけないと意識することが誠実さにつながるはずだ。

まずは、言行不一致の要素を少しずつ改めることから始めてほしい。約束通りのものを提供し、明言した通りに行動するのだ。考え、言葉、行いを一致させるのだ。

人が誠実かどうかは驚くほどはっきりお客に伝わる。誠実さをしっかり見せて、売上げをぐんぐん伸ばすことが大事なのだ。

心理的トリガー 7 誠実さ

あなたは約束を守っているだろうか？　あなたの言葉は本当にあなたの行動を表しているだろうか？　あなたの行動はあなたの言葉と一致しているだろうか？

言行一致はすべてにおいて決定的に重要なことだ。対応に誠実さがないと微塵にでも感じたらお客が買ってくれる可能性は低い。

アクションステップ

・絶対に嘘をつかず、言行を一致させよう。
・お客の満足を左右する可能性のある事柄は、決して隠さないようにしよう。

心理的トリガー 8

ハワイで物語する

ハワイの人は、独特の言い回しをする。

私は現地の友人と話をするとき、いつも感じることがある。ハワイでは人に何か話したいとき、まじめな話でもただのおしゃべりでも、「ジョー、さてトーク・ストーリーでもするかい……」と言うのだ。

人間は物語《ストーリー》と共に生きてきた。だからお客と心を通わせたいと思ったら、物語を使うのが一番だ。1枚の絵が千の言葉に匹敵するように、物語にも計り知れない力がある。人の心をつかみ、心と心のつながりを生む。

ストーリーは人を引き寄せる。私たちは子どもの頃、親が読んでくれた物語を通じてファンタジーを楽しんだり、そこから現実の世界を学ぶ。つまり、とても小さな頃から物語に親しんでいるのだ。

演説家や講演家は、よくスピーチの冒頭やプレゼンテーションの所々にエピソードを挟んでいないだろうか。そういう話は面白いし退屈しない。私もつまらない話では眠くなるが、エピソード話が始まると自然と目が覚める。

物語にはたいてい教訓や先人の経験が描かれている。驚きや感動の結末が待っている場合もある。

物語の効果は販売でも同じなのだ。

セールスの中にストーリーを取り入れてみることだ。商品に関連したもの、売りやすい雰囲気を作るストーリー、お客をセールスに巻き込むストーリー。ストーリーを上手に使えば、あなたは販売効果抜群の心理的トリガーを非常に有効に活用したことになる。

人間味を感じさせるストーリーはお客の心の結びつきを作り出し、そして堅くしてくれるのだ。

・・・

テレビショッピング番組の名ホストで知られるキャシー・レビンは、QVCのトップセールスパーソンの1人だ。彼女は、著書『It's Better to Laugh（笑うが勝ち）』でこう書いている。

「テレビショッピングで売ってみればすぐ分かるわ。販売では、どんな魅力的なストーリーでいかに人の注意を引くか。そして、それをいかに持続させるかが勝負なのよ」

魅力的なマーケッターやセールスパーソンたちは、いつでも面白い話をする用意をしている。彼らにとっては、お客とつながりお客を喜ばせる手段なのだ。

ある人などは、ジョークのネタが1000個もある。どれもお客や商品やムード作りに絡んだものばかりだ。言うまでもないが、彼は成績も優秀だ。

私の広告で大成功したものも、すべてストーリーを使ってアピールしている。そこで、物語を語るという手法を使った実例を私が書いた広告から1つ紹介しよう。

以下は、「ブルー・ブロッカー」というサングラスの広告に使った文章だ。物語がいかに人の興味を引き、メッセージを最後まで読ませることに役立つか見て取れるはずだ。

【見出し】　視界革命

【小見出し】このサングラスを掛けたとき、私は自分の目を疑った。きっとあなたも……。

【筆者署名】ジョセフ・シュガーマン

【本文】

これから話すことは実際にあった出来事です。信じるなら得をします。信じなくても、私が信じさせます。あなたのために。少し聴いてください。

友人のレンは、スグレモノを見つけるのが得意だ。

ある日、最近手に入れたというサングラスを持って喜び勇んでやって来た。

「こいつは信じられないよ。このサングラスを掛けてみろよ、すごいんだ。自分の目じゃないみたいなんだ」

私は聞いた。

「何か見えるわけ？　何がそんなにすごいの？」

するとレンはこう言った。

「このサングラスを掛けると目が良くなるんだよ。物がはっきりくっきり、立体的に見えるんだ。気のせいなんかじゃない。君も自分の目で確かめてみろよ」

広告の続きで、私がサングラスを試したり、レンがいろいろと解説してくれるのを聞くストーリーが書かれている。会話調になっていて、直射日光や青色光の害など、サングラスについて押さえるべきポイントはすべて押さえている。

物語の効果を利用することで、読み手の好奇心をあおり、広告コピーを最後まで読ませ、そのまま最後の売り込みまでも読ませるようになっている。

このブルー・ブロッカーの広告のおかげで、私は数百万ドルもの売上げを達成し、２００万本以上のサングラスを販売した。

あなたも商品を売り込むとき、お客の興味を引き、購買をあと押ししそうなストーリーを2、3話してみてほしい。同業者のことでもいいし、新しさについてでも、開発経緯についてでもいい。

自分のことである必要はないが、とにかくお客が興味を持ちそうな話をすることだ。うまい冗談が言えるなら、それを使えばいい。ただし、ジョークは本当にうまくなければダメだし、相手にふさわしい冗談でなければならない。あまり下品にならず、できるだけ販売に関係したものがいいのだ。

物語を話すときは、そのタイミングも重要だ。ストーリーから話を切り出すのもいい。ストーリーで相手の注意を引き、聞くモードにさせることができるのだ。

あるいは、プレゼンテーションの所々にエピソードやジョークを挟めば、プレゼンテーションに変化とリズムを生むこともできる。

ストーリー・テリングは1つの技なので、経験を積めば上達していく。

物語の持つ可能性や効果を認識するだけでも、きっかけとしては十分だ。そのつもりになれば、自分でも驚くほどいろいろなストーリーが話せるようになるはずだ。

いい物語は、人の注意を引く。そして、商品やサービスとセールスコピーを結びつけたり、あなたとお客をつなげるものだ。
そして、あなたも幸せに暮らしましたとさ。めでたし、めでたし。

心理的トリガー 8 物語（ストーリー）

子どもの頃から慣れ親しんできたために、人は皆物語が好きである。物語はセールスに人間味を与え、あなたとお客をつなぐ役割を果たす。

アクションステップ

・あなたの商品やサービスをお客が使っているシーンを想像してみよう。
・使っているシーンのうち、お客がピンときそうなものを物語に選ぼう。

心理的トリガー 9

男子風呂の「公告」

会社の大きさや地位など、権威が欲しければ、それを示すために必ず何かしらのアピールポイントがあるものだ。

消費者は、その道の専門家から買いたいと思っている。消費トレンドが、百貨店から品ぞろえにこだわりのある専門ショップに移行しているのはそのためだ。専門ショップは優れた専門知識や専門技術を持ち、商品に精通している。だから、特定の領域では権威があるのだ。

たとえば、私は長年、自分の会社（ＪＳ＆Ａ）を「宇宙時代《スペースエイジ》の商品を扱うアメリカ唯一の最大の販売元」と呼んでいた。そう呼ぶ目的は、宇宙時代商品の販売大手としてＪＳ＆Ａの権威を確立することにあったからだ。

「唯一の」という言葉には、私の会社が宇宙時代の商品を専門にしていたというだけでなく、一カ所の拠点から商品を出荷していたという意味も含まれている。ＪＳ＆Ａの宇宙時代商品の販売量は、シアーズやラジオシャックには及ばないかもしれないが、単一拠点として、最大の出荷量を誇る専門会社だった。

何らかの権威を確立することは、何を売るにしても必ず行うべきことだ。大手企業であるとか弱小企業であるとかいう問題ではない。

たとえば、「煙突掃除業界向け用品販売のアメリカ最大手」という具合に（実際に私のセミナー参加者の1人が煙突掃除業界に勤めていた）。もし業界最下位だったとしても、「広告ビジネスで最も働き者の集団」と謳《うた》うこともできる。

真剣に探せば、会社の権威を築き、販売商品に対する自社の専門知識や能力について自慢できることが何かしら見つかるはずだ。

権威が確たるものになってしばらくすると、権威を築いたフレーズを使いたくなくなる。私も「宇宙時代の～」というフレーズを使い始めて6年近くたった頃、そのまま使い続ける必要があるかどうか迷った。

しかし、いつになっても初めて広告に気づく人がいるものだ。初めて会社を知る人は、取引きの相手が、自分が購入を考えている分野で権威ある会社なのだという確証を求めている。その確信を与えるのが、私が使っていたあのフレーズなのだ。

社名だけで簡単に権威を築ける場合もある。

「アメリカン・シンボリック・コーポレーション」とは私が設立した会社だが、大企業のような印象を与える。一方、「ジャック&エド・ビデオ」は、大企業という印象からはほど遠い。

「コンピュータ・ディスカウント・ウェアハウス」と聞けば、どんな権威を持つ会社なのかおおよその検討はつく。知名度も高いが、そのうえ、名前から何をする会社かが分かる。そう、コンピュータ製品を安く提供する会社だ。

さて、知識のある権威者は一目置かれるという話をしよう。

たとえば、あなたがパソコンを買いたいとする。

まずは、地元でパソコン通として知られる近所のお兄さんに相談するかもしれない。名前をダニーとしよう。権威者であるダニーには、安心してアドバイスを求められる。彼はどのメーカーのどの機種を買えばいいか教えてくれるはずだ。

おそらく、すでにある程度の権威を持つメーカーを勧めてくれるだろう。一番安いコンピュータのメーカーか、一番サービスのいい会社かもしれない。そして、あなたはあなたにとって権威者であるダニーに勧められたメーカーや商品を探すだろう。

私個人の体験から、もっと顕著な例を挙げてみよう。

ラスベガスにあるローカルなオフィス用品店に入ろうとしたときだ。若い女性が駆け寄って来て言った。

「すみません、助けてほしいんですけど……」

私は彼女の突然のアプローチに少し驚いた。実際に、緊急事態なのかと思わせるほどあせっていたからだ。

「いいけど、いったいどうしたの?」

彼女は潤んだような目で私を見た。

「パソコンを買うところなんです。欲しいものは見つかったんですけど、本当にそれでいいのか誰かに確認してもらいたいんです。コンピュータに詳しかったら、一緒に来てアドバイスしていただけますか?」

私は承知した。私にダニー役を務めてほしかったのだろう。そこで、一緒に店に入った。

その女性は、UNLV(ネバダ大学ラスベガス校)の学生だった。彼女は、初めて買うパソコンだからコンピュータの分かる人のお墨付きが欲しかったのだ。実は、その店のほとんどの店員がコンピュータについてよく知らなかったらしい。

私はコンピュータについては結構知識もあったので、彼女が選んだパソコンを見て、確かにお得で、賢い選択だと言ってあげた。

さらに、学校の課題などに使えそうな機能も付いていることを教えてあげた。彼女にはチンプンカンプンだっただろうが、私が言うのだから、それは正しい選択なのだろうと思ったようだ。

彼女はホッとして私に礼を言い、真新しいパソコンの代金を払いに行った。立ち去りながら、肩越しに振り返って私に言った。

「頑張って稼いだお金だから、つまらない失敗はしたくなかったんです」

読者の中にも、パソコンを買うとき、ダニーのような、多少なりともコンピュータに精通している人に相談してから買った人がいるだろう。

なぜなら、自分の買い物に対する確信が欲しかったからだ。つまり、パソコンと引き換えに支払うお金が賢く使われるという確証が欲しいのだ。

高価なものを買うときは何でもそうだ。欲しいのは「確証」なのだ。

ただし、もし専門家であるはずの販売店のスタッフが信用できれば、あの学生が必要としたダニーのような第三者の専門家の意見はいらなかったはずだ。

心理的トリガー9
男子風呂の「公告」

だからこそ、販売している商品が何であれ、権威になることは、極めて重要なことなのだ。

・・・・・・・・・・・・・・・・・・・・・・・・・・・・

私は陸軍時代に、「権威」の力を実感した出来事があった。

かつて私は、メリーランド州ボルチモアにあるフォート・ホラバード陸軍基地のスパイ学校で情報工作員の訓練を受けていた。まさに軍隊らしい大部屋の2段ベッドで寝起きし、食事もうまいとは言えなかった。でも、一番我慢ならなかったのは浴室だった。

広い浴室にはシャワー用に仕切られたスペースがいくつかと、その手前に洗面台と鏡が並んでいた。朝はそこで髭《ひげ》も剃れる。浴室の突き当たりには大きな窓と大きな換気扇があり、シャワーから出る大量の蒸気を吸い出し、髭剃り用の鏡が曇らないようになっていた。

私の不満は単純なことだった。換気扇の風があまりに強くて、シャワーを浴びていると寒くて落ち着かないのだ。でも、換気扇を止めれば、髭を剃ろうとしている誰かがすぐに回しに行く。そうしなければ鏡が曇ってしまうからだ。

そこで私は対策を講じることにした。

休み時間にポスター板と型紙を手に入れ、「公告」っぽく、要するに軍隊らしい掲示板を作った。それにはこう書いておいた。

警告……換気扇のスイッチに触れた者は、入／切問わず、規則第一四一号第二〇七項に則り、軍法会議にかけ、退学処分とす。

それから人のいない静かな午後、真っ黄色な板に黒い型抜き文字のこの権威あふれる掲示板を換気扇のすぐ脇に置いた。

翌朝は寒かった。私は広い浴室に入って、真っ直ぐ換気扇に向かい、スイッチを引いて換気扇を止めた。

それを見ていた連中は呆気《あっけ》にとられていた。まるで、私が重大な軍規を破ったかのように……。

しかし、髭を剃っていた連中でさえ、誰も換気扇のところへ行ってスイッチを入れ直そうとはしなかった。そんなことをすれば、規則第一四一号第二〇七項に違反し、学校を追い出されるかもしれないからだ。シュガーマンのヤツは頭がおかしいからできるが、自分がやるにはあまりにリスクがでか過ぎる。

私は本当に久しぶりに冷風なしでシャワーを浴びることができた。体が暖まり気持ち良かった。

そして体を拭《ふ》くと、曇りきった鏡の横を通り過ぎ、換気扇のところへ行ってスイッチを入れた。ものの1分もしないうちに鏡の曇りはすっかり取れ、曇りを拭《ぬぐ》うのに苦労していた連中もホッとしたようだった。私は曇りひとつない鏡で髭を剃り、自分のロッカーに戻って服を着た。

こうして私は、目的達成のために軍隊の権威を利用し、成功したのだ。

…………………………………………

セールスにも、政府や立派な法的組織の権威を利用することができる。

たとえば、例のサングラスをテレビショッピングで紹介するとき、

「ブルー・ブロッカーは、米政府ＦＤＡ（食品医薬品局）の管轄下にあります」

と謳《うた》った。

これは事実だ。何しろサングラスはすべてＦＤＡの管理下にあるからだ。でもこう言えば、買おうとしている人は自分の購買決定に対し、ある程度の自信を持つことができる。

第三者機関による二重盲検試験（訳注・本物と本物に似せた偽物を用意し、被験者も検査官も本物か偽物かが分からないようにして行う試験。先入観による偏りを排除するための手法）は、信頼に値する権威の1つの形だ。

また権威は、肩書きによって表されることもある。医師はカイロプラクティック療法士よりも権威がある。博士号を取得した人は取得していない人よりも権威がある。

年齢や経験によって表されることもある。経験が大きな判断材料だとすれば、60歳の会社役員は24歳の会社役員よりも権威がある。成功した事業家は並の事業家よりも権威があるという具合だ。

さらに権威を表す有力な手段が「知識」だ。商品や業界のことを知っていれば知っているほど、うるさいお客にもうまく対応できる。

知識を増やすことは、権威を高めるために自発的にできることの1つでもある。どんな新人セールスマンでも、お客にとって有益で価値ある知識を持っていれば、まじめに取り合ってもらえるのだ。

権威は身なりによって表されることもある。軍隊や警察は、身につけている記章や位を示す縞《しま》の本数によって権威を表している。位が高いほど権威も高いのは言うまでもない。

ちなみに私の例の掲示板は、1カ月近く何事もなく置かれていた。しかし、その後とうとう司令官室に呼ばれた。そして、どうして君だけが規則第一四一号第二〇七項に違反しているのかと問われた。幸い司令官は冗談の通じる人だったので、最後はみんなで大笑いして終わったが……。

人は本当に権威が好きなのだ。それをセールスで利用すれば、お客は自信を持って決断し、自分の決断が正しいと確信するようになるのだ。

心理的トリガー 9 権威

購買決定をする際、お客は誰もが権威に頼りたがる。その分野の専門家とされる人や企業から商品を買うことができれば、お客にとって大きな価値となる。

アクションステップ

・あなたの会社がどんな専門領域に権威があるのかを見極め、専門性をお客に伝えよう。
・規模、実力、設備、あるいは勤勉さといったものも含め、どんな優位性があっても、権威あるものとしてお客に見せよう。

心理的トリガー

10 社長の愛車はラビットです

たとえ億万長者であっても、損するのは嫌だ。それ以上に、払った分を超える「得」が欲しいと思っている。

私は、どの広告でもできるだけ例や比較対象を挙げて、「お買い得感」を伝えようとしている。

ある商品の広告では、似たような機能を持った別の商品と価格を比べて、こちらのほうがお値打ちであることを示した。おなじみの手だ。

たとえば、600ドルのピンボールゲームでは、似たような商品ではなく（市場にこのカテゴリーの商品はなかったので）、別の家庭娯楽用品、つまりテレビやステレオなどと価格を比べて購入を納得させようと考えた。

ほかの商品との比較によってお買い得なことを証明すること、それはお客が買い物を納得するための論理的材料を提供することなのだ。

ブランド商品との競争に私がしょっちゅう利用していたテクニックがある。具体的な比較によってお買い得なことを示すというものだ。

次の文章は、59ドル95セントの電卓「データキング800」の広告のハイライト部分だ。

アメリカを代表する電卓ブランドといえば、テキサスインスツルメント（TI）だ。最近TIは、メモリー付きの新製品「TI2550」を99ドル95セントで発売した。

それも「データキング800」の登場でもう時代遅れだ。

TI2550は、充電バッテリーを使用し、小型ディスプレーや旧式の連鎖記憶システムを搭載している。価格、機能、性能、信頼性、どれを比べても、なぜデータキングがアメリカで一番お買い得なメモリー電卓かお分かりいただけるはずだ。

企業のコスト節約を取り上げ、お買い得感を打ち出すこともある。それもちょっと冗談めいた感じで……。

私が書いたオリンパスの「マイクロレコーダー」の広告を紹介しよう。

【見出し】　推薦バトル
【小見出し】他社の商品「レーニア」を推薦するのは、ゴルフ界の有名スター。対して、当社の商品を推薦するのはウチの社長。だから100ドルもお得です。
【本文】

ご自身がご判断ください。上の写真は、オリンパスの新型マイクロレコーダー、150ドル。これに一番近い競合商品は、ゴルフ界の有名スターが推薦するレコーダー「レーニア」、250ドル。

【高価な推薦】

ゴルフ界の有名スターは、サイテイション・ジェット（セスナ機の名前）を所有し、自らも操縦するパイロットだ。一方、オリンパスのレコーダーを推薦するJS&Aの社長もパイロットだが、彼のジェットよりお値打ちなビーチクラフト社製の単発機ボナンザを操縦している。ゴルフ界の有名スターは、無料でレーニアを推薦しているわけではない。彼の収入の大半は、こうやって商品を推薦して得られる推薦料だ。

一方、当社の社長は、商品を推薦しても報酬はもらえない。もらえるのは商品が売れたときだけ。それに社長のボナンザは、ゴルフスターのサイテイションより、フライトコストも安上がりときている。

ついでながら、社長の愛車はフォルクスワーゲンのラビット（訳注・アメリカでは販売当初「ゴルフ」と呼ばれていた）だ。

私はさらに、レーニアの販売方法は非効率的（直販会社が販売）だが、オリンパス製品の販売方法は効率的（通販、私の会社JS&Aが販売）であることを説明した。

より良い商品が100ドルも安い――これが結論。理由は当社の商品がお金のかかるスポークスマンの推薦を受けず、しかも、販社を経由していないからだ。

「お買い得感」という心理的トリガーは、読み手に商品本来の価値を理解させるというだけで、商品の価格を下げてしまうという効果がある。最低でもお買い得感は高められる。

つまり、お客を教育することによって商品価値が高まり、お客は結果的に高いお金を払ってもいいと思うようになる（１５０ドルまでは払ってもいいと思う）のだ。

・・・・・・・・・・・・・・・・・・・・・・・・・・・・・・・・

「お買い得感」は通信販売広告同様、人的販売にも言えることだ。

お客の頭の中には、常に１つの疑問がある。

「私はこの商品を一番いい値段で買っているのだろうか？」

前にも言った通り、お客の抵抗感をまず取り上げ、値段の比較や価格情報などを使って解消しなければならない。そうしなければ、お客とのコミュニケーションができているとは言えないのだ。

私が自分の家を売りに出すとしたら、あとから設置した高級住宅設備について話す。たとえば、シャワールームに付けた業務用の特大排水溝や、自分で取り付けたコンセントのことなどだ。要するに、普通に見ていたら分からない、私が家に施した数々の工夫のおかげで高まった価値について説明する。そうしてお客を教育するのだ。

何を販売するにしても、自分が本当のお値打ち品を、誰よりもお買い得な商品を提供している証拠をお客に見せるのだ。あなたの商品は、長い目で見ればほかのどの選択肢よりもお買い得であると教育してしまうのだ。

つまり、商品価値の実例を挙げて、目に見えるように説明することがあなたの役目であり、責任なのだ。

また、セールスにおける「お買い得感」という心理的トリガーには、もう1つ非常に重要な側面がある。

カタログ販売などで、2種類の商品を紹介することがある。その場合には、安いほうの商品を先に、もしくはそれをメインの商品として紹介するのがベストだ。

たとえば、血圧計を売るとする。まず99ドル95セントの商品をメイン商品として紹介する。そして次に、もう1つの選択肢として、149ドル95セントの高級品を紹介する。

商品の性質にもよるが、安いほうの値段につられたお客が高級品を買うことはよくある。ちなみに高いほうの血圧計を買ったお客に、2つの商品のどちらを買ったのか聞いてみると、高いほうではなく99ドル95セントの血圧計を買ったと答える人が多い。

どうやら、値段の高いほうを買ったにもかかわらず、お客の頭には安いほうの値段がインプットされ、買ったものも安いほうだと思い込んでしまうらしいのだ。「得をしたい」「できるだけ安く買いたい」という欲求の中で、お客は完全に現実を無視してしまう。ベストな価格と価値を得たいという利己的ニーズを満たすために……。

このように、お客は安さにつられてしまうのだ。だから、いったんセールスコピーを読ませることができたら、もっと高いモデルを売り込むこともできる。安さにつられる人の総数が増えれば、それだけ販売も見込めるはずだ。

人的販売では、別のアプローチを取る。

もし私が店の広告を打つとしたら、安いほうの商品しか載せない。来客比を増やすためだ。そしていったん買い物客が来店したら、先に高いほうの商品を売り込む。そうすれば、安いほうのモデルがさらにお買い得に感じられるからだ。

2種類の血圧計を店で販売するとしたら、高いほうの149ドル95セントのモデルを先に見せる。そうしておいてから、安いほうの99ドル95セントのモデルを見せれば、それを最初に見せた場合よりもだいぶ安く見えるはずだ。

つまり、高そうに見えた99ドル95セントの商品が、それに似た149ドル95セントの商品を先に見せただけで、あたかも格安品のように思えてくるのだ。

このテクニックは、対面販売の常套《じょうとう》手段だ。

実は経験上、私も身にしみて感じた出来事がある。

かつて、大きなスポーツイベントにスポンサーとして参加するという依頼を受けたときのことだ。一番高額なパッケージを勧められた。

そこで躊躇《ちゅうちょ》していると、ちゃんと用意してあったのだ。セールスマンはそれよりはるかに安く、最初のものに比べれば格安とも思えるパッケージを提示してきた。結局、私は安いほうのパッケージを購入するハメになったのだ。

もし安いほうを先に勧められていたら、そのパッケージについても二の足を踏んでいたに違いない。値段の異なるものをどういう順番で提示するかは、間違いなく売り込みに対する反応を大きく左右するのだ。

このテクニックが資金調達に使われているのもよく目にする。資金調達に長《た》けた人は、一度法外な金額を要求したあとで、格安だと思える金額にまでどんどん下げていく。ただし、「格安な金額」も最初に提示されていたら高いと感じたはずだ。

お客が商品やサービスの値段に納得するということは、お買い得感が高まり、買いたいと思う論理的理由がまた1つできたということなのだ。

心理的トリガー10 お買い得感

どんなに金持ちのお客であっても、本当に値段相応のものを提供されているかどうか知りたいと思っている。ほかの商品との嘘のない比較や、どれだけ節約できるのか、あるいは単純に値引きしたことなどを強調する。

アクションステップ

・類似商品と比較してお買い得感を与えよう。正直な比較をし、なぜお値打ちなのかの裏付けをきちんとしておこう。

心理的トリガー
11

「ゴリラ・サバイバル作戦」で幸せ結婚生活

この章でお話しすることは、別に幸せな結婚生活についてでも、ゴリラのサバイバル作戦についてでもない。ただこの本を書いていたある晩、目次を眺めていたら調子に乗ってしまい、このタイトルがふっと頭に浮かんだだけである。

何が飛び出してくるか自分でも分からない。気がつくと思いついているといった具合なのだ。もちろん別のタイトルにすることもできた。もっとまじめで論理的なタイトルを考えることもできたのだが、そうしなかった。

販売に関するまじめで論理的なこの本に、まったく関係のない章タイトルをつけたのは、良識に反した非常に感覚的な判断だった。

ところが、だ。「心理的トリガー11」は、広告における「感覚」についての話である。なんてことだ。私はこのタイトルを使うと感覚的に決めたではないか。だから、頭がまったく変になってしまったわけではない。

心理的トリガー11
「ゴリラ・サバイバル作戦」で幸せ結婚生活

実際は、「感覚」について広告で覚えておくべきポイントは、たった3点しかない。もちろん人的販売にも当てはまる。

1. どんな言葉でも、それぞれにある感覚を想起させ、何らかのストーリーにする。
2. 効果的なセールスは、いずれも言葉、印象、感情にあふれ、感覚に訴えかける。
3. 感覚に訴えて売る。ただし理屈でその買い物を納得させる。

1については「心理的トリガー8」で詳しく述べたので、まず最後の点から考えてみよう。

なぜ、アメリカでメルセデス・ベンツが売れるのだろうか？　ラック・アンド・ピニオン式のステアリングやABSブレーキ、そのほかの安全機能のせいだろうか？

ほかの車にも同じ機能はある。では、なぜわざわざ大枚をはたいてベンツを買うのだろう。ベンツを買う何分の一かのお金でまったくと言っていいほど同じ機能を持ったアメリカ車や日本車、場合によってはボルボだって買えるのに。

答えはこうだ。人は感覚で買い、理屈で納得（正当化）するからだ。

私が初めてベンツを買ってそれを友人に知られてしまったとき、彼らには技術的にすごいと思うところがあったから買ったのだと説明した。

しかし本当のところは、まったく技術的理由なんかではなく、感覚的に決めたのだ。私は高級車と呼ばれるクルマを所有し、ベンツのオーナーという選ばれた人々の仲間入りをしたかっただけだった。

ところが、買った理由を説明しなければならなくなったとき、思わず理屈で答えてしまった。それでも実際に乗ってみると、買ったのは正解だったと実感するのだ。

ベンツの広告を見てほしい。同社の広告代理店は、お客の購買に隠れた本当の動機をよく知っている。だからこそ、人々が購買を納得するために使っている理由をあえて強調しているのだ。

同社の広告は、どれも走りのすばらしさや乗り心地など、ほかの自動車とは一線を画す特徴的な技術をアピールしている。現実に機能の1つ1つを見ても、もっと安い車で再現できないほど革新的なものはない。

それでもベンツが売れるのは、感覚的魅力のおかげであり、その魅力は広告の中で理屈によって裏付けられているのだ。

セールスがうまくいき、いい雰囲気を作ることができたときなどは、お客が感覚で反応することがよくある。そういうとき、理屈はさほど重要ではなくなってしまう。

たとえば、私はよく広告文の終わりにこういうフレーズを使っていた。

「万一、少しでもご満足いただけなかった場合は、30日以内に商品をご返送ください。謹んで速やかに代金をお返しいたします」

「謹んで返金」なんてあまり聞いたことがないだろう。人というのは、言葉の本来の意味を自動的に、それも無意識のうちに、感覚的にとらえ直して解釈している。

だから、「謹んで」は、「丁重に」というより、むしろ「とやかく言わずに」という意味になる。広告主にとってはすばらしい表現なのだが、国語の教師にはあまり歓迎されないだろう。それでもいいのだ。

実際には、謹んでというフレーズが感覚的に伝えているのは、「当社は非常に信頼でき理解ある会社ですから、あなたのお金を速やかにお返ししますよ」ということだ。

つまり、当社が素早い対応をするお客思いの会社だという「感覚」や「印象」を、非常に少ない言葉で伝えているのだ。このフレーズは論理的におかしいにもかかわらず、ほかの通販会社数社に真似されて、カタログや広告にも使われている。

フレーズや文章だけでなく、論法でさえ論理的に正しくなくてもいい。メッセージが感覚的に伝わりさえすれば、十分どころか論理的なメッセージよりも効果的だ。

・・・・・・・・・・・・・・・・・・・・・・・・・・・・・・・・・・・・

私は「感覚」という心理的トリガーを、1978年に書いた電卓の広告に使った。電卓には画期的なデジタル表示機能があった。新型ディスプレーはアルファベットと数字の両方が表示可能（この機能をアルファニューメリックという）で、さらには大容量のメモリーが備わっていたため、友達の名前と電話番号を記憶させることができた。今日では大したことはないが、当時としては画期的だった。

その頃、私より早くその商品に目をつけ、広告を打っていたライバルが2社ほどあった。しかし、2社のどちらも失敗に終わっていた。理由はいくつかあったが、大きな原因は商品の謳《うた》い文句にあった。理詰めだったのだ。

彼らは、「アルファニューメリック」という用語をディスプレーやメモリー容量と絡めて説明しようとした。だがその結果、広告は理屈っぽくデータだらけになった。

商品があまりに斬新で画期的だったため、理詰めでも売れると思ったのだろう。が、そうはいかなかったのだ。

「ゴリラ・サバイバル作戦」で幸せ結婚生活

私も面白半分に、類似商品をカタログ販売することにした。するとキヤノンから引き合いがあった。商品を扱えば、国内での宣伝に限り、数カ月間、独占販売権をくれるという。

そこで私は、まず広告文を自分のカタログでテストしようと、「ポケット・イエローページ」という見出しと、「アメリカ初のポケット・イエローページで番号調べは指先におまかせ」という小見出しを考えた。

では、感覚的なコピーに耳を傾けてほしい。


「参ったなあ……」

あなたは電話ボックスの中。電話番号が見つからない。外には人の列。プレッシャーがかかる……。

そのときだ。あなたはおもむろに電卓を取り出し、周囲の目が集中する中、ボタンをピッピッと押す。するとなんと、ディスプレーに電話番号が……。

あら不思議。これは夢？

いいや、夢ではありません。


この広告は大成功だった。その後、10以上の雑誌に広告を載せ、ライバルが脱落していくのをよそに、大いに儲けることができたのだ。

感覚に訴える書き方をよく見てほしい。商品の技術上の優位点やメモリー容量などにはいっさい触れていない。商品特性と顧客の特徴から見て、理屈では売れないが感覚に訴えれば売れる。それがちゃんと分かっていたのだ。

どんな商品にも、それ特有の性質がある。商品特性については「心理的トリガー2」ですでに学習した。商品本来の性質や、商品が持つ感覚的魅力を理解することが販売につながるということだ。

私が扱った電卓について言えば、電子小物好きで友達にすぐ自慢したがるような人が欲しがると考えた。広告文は、この感覚的な魅力を強調したのだ。後半には、データや理屈も細かくなり過ぎない程度に載せ、読み手に購買を納得させている。

・・・・・・・・・・・・・・・・・・・・・・・・・・・・・・

販売における感覚についての最後のポイントは、言葉の使い方に関係している。

言葉には、一語一句、短い物語とも言えるような感覚（的意味合い）が備わっている。それに気づくことができたら、特定の言葉が販売にどんな効果をもたらすかが分かるようになるはずだ。

たとえば、「買う」という言葉を使わず、商品に「投資する」ことを勧めてはどうだろう。商品を買うより、投資したいと思う人のほうが多いに違いない。

契約書にサインをもらうときはどうだろう。「契約書にサインしてください」より、「こちらの書類にサインしてください」のほうが言いやすくないだろうか。

こういった表現が感覚に与える印象は、広告でも販売でも検証されている通り、月とスッポンなのだ。

では、次の言葉を聞いてどんな印象を持つだろうか？

「クリーブランド」「ぼったくり」「消費者」「農家」「弁護士」「ソビエト」という5つの言葉だ。

「クリーブランド」と聞いてクスッとした人もいるだろう。そこに住んでいる人は別として、「できれば住みたくない」という意味で……。読者の中で本当に住んでいる人がいたらごめんなさい。

クリーブランドはとてもいい街だが、どこの国にも笑いの種にされることで名高い街がある。ロシア出身のコメディアン、ヤコブ・スミルノフによれば、ロシアのコメディアンもある街を笑いの種にすると言う。その街の名はというと、このクリーブランドなのだ。

「消費者」や「ぼったくり」はどうだろうか？　感覚的な印象を考えてみてほしい。

次に「農家」と聞いて連想するのは、職業だけでなく「正直」「誠実」「朴訥《ぼくとつ》」「働き者」

といった言葉かもしれない。1つの単語からどれだけ多様な印象を引き出せるか、経験からだけでなく、感情や感覚的側面についても考えてみることだ。

「ソビエト」という言葉は、私には「ロシア」よりも悪者のように聞こえる。

あなたなら「弁護士」という言葉から何を連想するだろうか？

かのウェブスターは、言葉の力の偉大さを次のように語ったとされている。

「ある人が財産のいっさいを取り上げられ、言葉しか残されなかったとしても、彼はすべて財産をまた取り戻すだろう」

当然広告では、言葉の力がものをいう。私がコピーに使った次の言葉を比べてみてほしい。言葉の持つ感覚的な違いが分かるはずだ。

さて、印象が良いのはどちらだろうか？

例1　モーテルのおばあさん

例2　コテージの小柄な老婦人

ハワイで見つけてきたマッサージオイルの広告のために、商品を見つけた経緯を説明する文を考えていたときの例だ。

例1は最初の案で使ったものだが、例2のほうがはるかに聞こえが良かった。しかしながら、ある感覚や表現に合うように事実関係をねじ曲げてもいい、と言っているのではない。この例では、モーテルの事務所が小さなコテージの中にあり、「コテージ」という言葉を使ったほうがコピーの響きが良かったからだ。

どうだろう。その違いが感じ取れるだろうか?

言葉ひとつ変えただけで、通信販売広告の反応が良くなることは多い。

伝説のダイレクト・マーケッター、ジョン・ケイプルズは、「リペア（修理する）」を「フィックス（元通りにする）」と言い替えた。その結果、レスポンスが2割増えた。

ダイレクト・レスポンス・マーケティングのすばらしさは、こういうところにある。カギとなる言葉の効果を逐一テストすることができるからだ。

言葉の持つ感覚的意味合いを自由に操れなければ、優秀なセールスパーソンになれない、と思う必要はない。何よりも、当たり前の感覚を持つことが肝心で、時間と経験が与えてくれるものだ。

人の経験から学ぶこともできる。

セールスについて書かれたすばらしい本はたくさんある。セールスで効果のある言葉も、数多く紹介されている。ここでは、セールスが感覚的な経験であることと、言葉の使い方がセールスの効果を大きく左右することに気づいてもらえれば、ねらいは果たしたことになる。

人は感覚で買い物をし、その買い物を理屈で納得するのだ。

商品を評価してもらう目的でフォーカス・グループや消費者パネルディスカッションを行っても、売れるかどうかについては具体的な反応がほとんど期待できないのはそのためだ。

もちろん、こういった調査から貴重なヒントを得ることはできる。しかし、感覚的な購買決定が行われるときこそが、商品が成功するかどうかの本当の見極めどきなのだ。

なぜならば、リサーチで参加者に、自分がどんなふうに購買決定するかを想像してもらっても、感覚よりも論理的判断に基づく決定であることが多いからだ。

私のセミナーでは、コピーを書くとは言葉や感情を感覚的に紙の上にあふれ出させることだと教えてきた。極めれば1つの精神的・感覚的行為だ。

セールスもまた、コピーライティングと同じように考えるべきではないだろうか。

あなたもいつものセールスをもっと感覚的なものにできるはずだ。商品に備わっている

心理的トリガー 11
「ゴリラ・サバイバル作戦」で幸せ結婚生活

感覚を表現し、感覚的な利益を伝えることだ。

感覚で売るとは、そういうことだ。お客に「お引き取りください」と言われるまで泣いてすがるのとは違う。

もっとも、泣いて売れるなら、それも悪くないかもしれないが……。

セールスに携わる人間ならば、感覚的に売ることと理屈で売ることの違いが分からなければならない。お客と商品を理解し、どんな感覚的な心理的トリガーがお客を買う気にさせるか知らなければならない。

しかし、一番のねらいは、感覚が唯一最大の購買動機だということをあなたに認識してもらうことだ。感覚がすべての購買決定の基盤なのだ。

人は感覚的に物を買い、購買を納得するのに理屈を用いる。だから、感覚的な言葉を適切に使えば、お客を販売プロセスに引き込めるのだ。

セールス・ジャングルで生き延びたかったら、ゴリラのように振る舞い、戦術を覚え、家に帰って幸せな結婚生活を味わうことをお勧めしたい。

心理的トリガー 11 感覚

セールスでは、感覚で売り理屈で納得させる。どんな言葉にも感覚的意味合いがあり、どんな言葉も感覚的なストーリー性を持つ。

アクションステップ

・お客があなたの商品を買いたいと思う感覚的な理由を考え、広告コピーやセールスで表現してみよう。

・これまでの広告コピーやセールスを見直し、情熱的な言い回しを考えてみよう。

心理的トリガー
12

悪魔は理屈に棲んでいる

さて、まじめにいこう。まじめもまじめ、なにせこの「心理的トリガー12」は「理屈」について、理屈で購買を納得させるというテーマについてだからだ。

「理屈」というのはまじめだ。感覚よりもはるかにまじめで、感覚的な買い物を納得させる有効な手段だ。

セールスの最中に、お客の頭にふと浮かぶ可能性のある疑問の1つがある。「これを買って本当に後悔しないかな？」というものだ。

この疑問は、浮かんだら解消しなければならない手本のような疑問だ。

もし解消できなければ、お客に「もう一度考えてみる」口実を与えることになる。そうなったらお客が買うことは、もちろんない。

買い物を納得したいというニーズは、お客が無意識に感じていることが多い。口にこそ出さないが常に感じているのだ。そのため、セールスのどこかで（通常は終わり近くで）、お客が抱く無意識の疑問に答えることが不可欠なのだ。

手順としては、まず思い浮かぶ疑問について取り上げることだ。

私の広告では、必ずどこかで何らかの「納得のいく理由」を挙げ、お客の感じる抵抗感に対処していた。

「あなたにも買う権利があります」と言うだけで済むときもあれば、節約（お値打ちである理由を伝える）や健康上の理由（「目は1組しかないから、ちゃんと保護しましょう」など）、評判（「出会った男性全員がステキだと言ってくれるはず」）、高級感（「ベンツには裏地に金箔を貼ったエアーバッグが搭載されています」）など、さまざまな切り口を使ってお客を納得させなければならない場合もある。

どれもお客の欲求やニーズを分かっているからこその切り口だ。

私はよく人にこう言われていた。

「あなたの広告を読むと、買わないと悪いような気になる」

いい買い物だと思えば買わない口実など考えもしない。それどころか、買わなければ悪いとさえ思ってしまうのだ。

買い物を納得させるための切り口は、価格が高ければ高いほど必要であり、安ければ安いほど、お買い得であればあるほど少なくて済む。

悪魔は理屈に棲んでいる

［心理的トリガー11］でメルセデス・ベンツの持つ感覚的な魅力について、そしてお客が自動車を感覚で買い、理屈で納得することをお話しした。

買いたいと感覚的には思っているお客にも、買い物が理に適《かな》ったものだという論理的な保証が必要だということだ。

誰もバカな買い物はしたくない。これについても、［心理的トリガー9］でUNLVの学生がどのパソコンを買うべきか迷っていた一件で学んだ。誰もが自分の買い物には論理的根拠があり、正当化できるものだと確信したいのだ。

あなたの役目は、論理を提供することだ。買い物をする理由と正当性を与えてあげなければならない。理屈なしには、抵抗感をすべて克服し、お客に買わせるために不可欠な材料がそろったとは言えないのだ。

私が書いた広告の中に、購買を正当化する良い例がある。

バリー社の「ファイヤーボール」というピンボールゲームに600ドルを「投資する」ことを勧める広告だ。このコピーでは、まずほかの家庭向け娯楽用品と比較してお買い得である理由を示した。買い物を納得させるコピーだ。

テレビやステレオやビリヤードテーブルに600ドル以上かけた人には、ピンボールマシンをお勧めします。テレビやステレオやビリヤードよりもっと楽しめるし、アクションも見られます。

1社に1台「ファイヤーボール」があれば、役員の娯楽道具としても、社員や作業員が休憩時間に自由に使える福利厚生としても使えます。

投資税控除、減価償却の対象にもなります。

読んで分かる通り、税額控除や減価償却に言及したことで、事業者にまで経費を正当化する道を作ってあげている。

お客は買い物に納得できる理由が見つかれば、もっと気軽に買うようになるのが分かるだろう。買いたいという衝動に反して躊躇《ちゅうちょ》するのは、それがいい買い物であることを保証するだけの正当な理由が不十分だからだ。

・・・・・・・・・・・・・・・・・・・・・・・・・・・・・・・・・・・・

お客の抵抗感を解消するには、感覚的に行った購買決定を論理的な理由で正当化できることを、何らかの方法で確信させることが必要だ。そうしなければ、最後の詰めに必要な大事な「理屈による正当化」という心理的トリガーがないままになってしまう。

心理的トリガー12
悪魔は理屈に棲んでいる

人的販売では、まずあなたの経験から「買いたがらないお客」が挙げる典型的な抵抗感を覚えておくことだ。何が問題かを理解し、きちんと解決できたら、お客の抵抗感の大部分を取り除いたことになるだろう。

次に、お客が買いたいと思う感覚的な理由は、その買い物を納得するうえではほとんど役に立たないことを覚えておいてほしい。

お客があなたの商品を買いたいと思っている。あとは、自分自身や配偶者や上司にその買い物を納得させたいというお客のニーズを満たすような理屈を、あなたが見つけてあげられるかどうかにかかっている。

メルセデス・ベンツについて言えば、理屈はいくらでも挙げられる。たとえば安全性、外観、性能、機能など。

業務用機械を販売している人ならば、コスト節減、迅速性、競合に対する優位性などを正確なデータで示せばいい。衣服の販売では、実用性、洗いやすさ、コーディネートしやすさなどが買い物を論理的に納得させる理由として考えられる。

ここで、心理的トリガーとしての「理屈」について、2つの要点を覚えておいてほしい。

第1に、人は感覚で買い、理屈で納得すること。

第2に、理屈は「なぜこれを買ったほうがいいの？」という無言の疑問に対する答えだということだ。

心理的トリガー 12

理屈による正当化

感覚がお客の買うきっかけならば、理屈は納得するためのもの。多くの商品やサービスでは、なぜそれを買うべきかという論理的理由をお客に与える必要がある。技術的優位性や節約、効率性などの特徴を強調する。

アクションステップ

・お客に買いたいと思わせる感覚的理由ができたら、適切な判断だという理由を説明して買い物を納得してもらおう。

心理的トリガー13

金持ちの最後の誘惑

安売りに引かれるという人間の欲深さは、購買を動機付ける非常に大きな要因だ。私もただ安かったというだけで必要のないものを買ってしまった経験が多々ある。あなたも私と同じ罠に幾度となくはまっているかもしれない。

しかし、遠慮することはない。

強欲が非常に大きな購買要因になるということは、「安い商品を売る場合」や「高い商品を安売りする場合」には覚えておいたほうがいい。ただし、値段が安過ぎる場合は、その安さの秘密を裏付けないと、逆にお客に怪しまれる可能性がある。

同じお金でできるだけ得をしようと、ある程度の損を承知でリスクを負う人は多いのだ。「強欲」は、お客が期待する以上のお得感を提供できるときに使う心理的トリガーだ。

先にも紹介した『ウォール・ストリート・ジャーナル』の電卓の広告で、私は商品に49ドル95セントという価格をつけ、メーカーを激怒させたことがある。

「あれは69ドル95セントで売れる商品だ。全国の取扱店から苦情の電話が殺到しているぞ」
と怒鳴りつけられた。

私は、価格を訂正することを承知した。

そこで、『ウォール・ストリート・ジャーナル』に小さな訂正広告を出して、価格を49ドル95セントから69ドル95セントに引き上げた。しかし、数日間だけ猶予期間を設け、元の価格で注文を受け付けたのだ。

その広告は前に出した広告よりも反響が大きかった。ごく小さな広告だったにもかかわらず、大勢の人が猶予の数日間のうちに49ドル95セントで電卓を購入した。自分のミスで、お客に期待以上のお買い得感を与えていたわけだ。

「強欲」という心理的トリガーは、どんなときでも使えるというテクニックではないが、適切に使えば購買につながる効果的な手として知っておけばいい。なぜなら、強欲はほとんど誰の弱みにもつけ入るからだ。

一般的に言って、価格を下げれば、ほぼ例外なく論理付けや納得させる必要性は低くなり売りやすくなる。価格を下げ続ければ、いずれは理屈も納得もまったく必要なくなるほど、商品への感覚的欲求を高めることができる。

実際に、価格が十分に安ければ、どんな合理的・論理的感覚も無視される。

そうなってしまえば、何の信頼性も必要とせず、購買は完全に感覚的な反応だけで行われる。ただし、安くし過ぎた場合には、当然、その安さの秘密を多少裏付けなければ、お客は信頼性に疑問を持ち始めるだろう。

私が書いた印刷機の広告が良い例だ。

当時の印刷機の相場は65万ドルだったが、私が扱っていたのは15万ドルだった。そこでこう説明した。

最初の買い手が多額の手付金を支払ったあとに姿を消してしまったのだと。

この事実に則した説明のおかげで、お客は購入のチャンスと考えてくれた。私はこれを「失踪者《しっそうしゃ》セール」と名付け、かなりの反応を得た。

強欲は人間としてあまり誉められた性格ではないが、存在するのは事実なのだ。そして、お客とのコミュニケーションに利用したい要素でもある。

たとえば、小売価格１００ドルの商品があったとする。これをたとえ60ドルで売っても儲けが出るとしても、最初は高いままの１００ドルで売り込みをかけるのだ。

もう１つ、非常に巧妙な例を挙げよう。

50ドルの標準品を買いたいと思っているお客がいるとする。私なら最初に１５０ドルのデラックス版を売り込む。そのあとで安いほうの商品を見せれば、標準品を最初に見せるよりもはるかに安く思わせることができるからだ。

これは一見、強欲には見えないかもしれないが、価格の安い商品のほうがよりお値打ちに見えるという意味では、やはり欲張りと言えるだろう。

価格を下げれば、必ずといっていいほど商品は前よりも売れるようになる。お客の欲の「分泌量」は価格の下げ幅によって異なるからだ。

価格の法則にはほとんど例外はないが、例外があるにはあるらしい。

しかし、はっきりしていないのだ。もし本当に例外があるなら、何かほかの要因もあるに違いないのだ。

・・・・・・・・・・・・・・・・・・・・・・・・・・・

商品の価格を変更したときに働く要因について、私はセミナーである非常に重要な教訓を学んでもらっている。

セミナーの演習の中で「デボノ・シンクタンク」というツールの使い方、創造力を湯水のごとく湧かす方法を説明していたときのことだ。

金持ちの最後の誘惑

「デボノ・シンクタンク」とは、球形のケースの中にプラスチックでできた1万4000語の単語カードを入れたものだ。ケースについている小さな窓からいくつかの単語が見えるようになっている。

まず単語カードをよく混ぜ、参加者の1人を指名して「シンクタンク」の窓から最初に見える3語を読み上げてもらう。次に参加者全員がその3語を使って思いついた広告コンセプトを出し合うという演習だ。

たとえば、商品を宝物探知機と決めておく。

そして、読み上げられた単語が「おじさん」「キャタピラー」「だます」だとしよう。すると、おじさんがオモチャのキャタピラーに宝物を隠し、その所在についてみんなをだます、といった筋書きが出てくる。3つの単語をなんとか組み合わせて、まったく無関係な商品を宣伝するのだ。

関連性のない単語を使うことにより、アイディアを出す人、つまりコピーライターは、商品の特徴をただ伝えるという従来のやり方から離れ、何らかのコンセプトを思いつかなければならなくなる。

「テボノ・シンクタンク」とは、伝統的な考え方を打ち破り、自分の広大な頭脳ネットワークから、さまざまな順列や組み合わせや関係性を発想するためのツールなのだ。

参加者に演習を説明し、「デボノ・シンクタンク」のすごさや面白さが伝わると、何も言わなくても買い手がついた。いつも参加者の誰かが手を挙げ、「それはどこで買えるんですか？」と勝手に聞いてくるからだ。

そこで私は、いくつかの点を実証してみせるためにセールストークを始める。

「デボノ・シンクタンクは、卸値でたったの19ドル95セントですから、欲しい人がいたら手を挙げてください」

そのときは、出席者全員が手を挙げた。

当然だろう。物自体19ドル95セントよりもはるかに高そうに見えるし、使えば創造力を高められるのだから、とても魅力的な商品だ。話の種にもなる。

私の目的は売ることではない。ちょっと値段を言ってみただけだ。が、1つ目の種明かしをするために、さらにこう話を続けた。

「私も19ドル95セントで買いたいところですが、本当は99ドル95セントします。19ドル95セントというのは冗談です。当たり前ですよね。それでも欲しい人は何人いますか？」

すると、4分の1の参加者が手を挙げた。

残りの参加者は真剣に悩んでいた。しばらく考えさせたら、もう少し手が挙がるかもしれない。私は続けて言った。

「さあいいですか。99ドル95セントは決して高くなんかありませんよ。まず、この小さなプラスチック製カードが1万4000語分もあるんです。それから、この球体のプラスチックケースの美しいこと。三脚も付いています。

こう考えてはいかがですか？　この『デボノ・シンクタンク』を使って思いついたアイディアで広告を作り1000ドル稼げれば、元は十分すぎるほど取れますよ。では、99ドル95セントで買いたい人は？」

手が挙がり、今度は参加者の3分の2が買いたがった。

もちろん、19ドル95セントのときよりも少ないが、私が説明する前に比べたらかなり増えたことになる。

結局、価格を上げたためにもっと売り込まなければならなくなったが、それでも最初のときよりも買う人は減った。

この時点で、私は参加者たちに説明した。

「たった今、マーケティングで重要な教訓をいくつか学びました。値段が非常に安いときは、商品について多くを語る必要はありません。見せるだけでいいんです。

お客が商品を理解し、実際よりはるかに高い値打ちを感じたら、必要かどうかにかかわらず買う人は出てきます。長々としたコピーも説明もいりません。人間の欲にまかせておけばいいんです。

反対に、価値の高さを裏付けずに価格を上げれば、反応は激減します。購買を納得させるようなセールストークをきちんとすれば需要を呼び戻すことはできますが、面白いことに、値段が19ドル95セントだったときのような多数にはなりません。

つまり、強欲が勝利したわけです。

値段を上げたらレスポンス率が下がったことに注目してください。商品の値段が上がると販売数が減ります。すると、売るためには教育や説得がもっと必要になります。ところが、価格を下げ、びっくりするほどお買い得にすれば、強欲の力だけで勝手に売れていくんです」

お客に売り込むとき、強欲が重要な要素になることは認識しておくといい。

つまり、お客が期待する以上のお買い得感を与えれば、この価値ある「強欲」という心理的トリガーの力を最大限活用できるのだ。

心理的トリガー13 強欲

世界で商売というものが始まって以来、人を説得する際に利用されてきた感覚的で基本的な要素が「強欲」。人は自分が受け取る資格があると思う以上のものを欲しがる。商品の価格を下げ、商品に対して感じる価値を高めると物は売れる。

アクションステップ

・あなたの扱う商品の価格を、できるだけ割安に感じられるようにしよう。
・見かけの価値を高めて、お客の欲求を高めよう。

心理的トリガー
14
サルでもできる脳外科手術

今から話すことは、「信頼性」という心理的トリガーの力を思い知った出来事についてである。

それは1998年、ハワイのマウイ島の空港で起きた。

私は、サンフランシスコ行きのユナイテッド航空49便に乗ることになっていた。

搭乗ゲートに着くと、チェックインカウンターで払い戻しを求める人が何人もいた。待合いラウンジもかなり混雑しているようだった。

ゲートにいた地上スタッフに事情を尋ねると、飛行機の一部が機能しておらず、誰も搭乗できないでいるのだと言う。

「その箇所を修理することもできなければ、燃料を給油している間、乗客を乗せることもできないんです」という回答だった。

その後、地上スタッフはマイクを手に取り、次のようなアナウンスを行った。

「ご案内申し上げます。当機の機長は、最終確認に追われ、飛行機の不具合についてお客様にご説明することができません。当機のご利用をおやめになりたい方はそうされるように と機長は申しております」

するると、20人ほどの乗客が一気にカウンターへ押し寄せ、乗りたくないからチケットをキャンセルしたいと迫った。ありゃ、ありゃ、まったくしようのないことだ。残りの乗客もアナウンスを聞いてすっかり不安顔になっている。

私は、たった今アナウンスをした地上スタッフに尋ねた。

「具体的には何が問題なんですか?」

「APUだかEPUだかが故障しているので、飛行機のエンジンをかけっぱなしにしなければならないんです。お客様方も、このパーツのせいで安心して乗れないでしょう。それに機長はコックピットにこもりっきりで何の説明もしてくれませんし……」

私は苛立《いらだ》った地上スタッフの顔を見て言った。

「ちょっと私にアナウンスをさせてもらえませんか? 実は私もパイロットなので……」

彼は、まあいいかといった表情を向けて「いいですよ。やっていただいても」と私にマイクを渡した。

「お客様にお知らせいたします。ちょっといいですか」

私がアナウンスすると、ラウンジ中がシーンと静まり返った。

「私も皆さんと同じく、このフライトの乗客の1人ですが、パイロットでもありますので現在の状況について少しご説明させていただけることと思います。飛行機というのはゲートに向かって地上走行する際、燃料を節約するため機体に電源をつないで電気で動きます。誰かが走って行って飛行機の腹に巨大なプラグを差し込むわけです。プラグの元はAPU、つまり補助電源装置から電気をもらうので、APUプラグと呼ばれています。

今伺ったところ、このAPU電源が止まっているようなのです。そのため地上クルーは、給油の間もエンジンをかけていなければなりません。しかし法律上、給油中にエンジンが動いている場合、乗客を搭乗させてはいけないことになっているのです。

飛行機には何の問題もありません。まったく安全です。ところが、パイロットというのは私たち乗客の誰よりも小心者なので、点検が完璧でないと飛びたがらないというわけです。

この飛行機をご利用になってもまったく心配することはありません。先ほども言いましたが、私も皆さんと同じ乗客の1人でユナイテッド航空の社員ではありませんが、サンフランシスコまでのフライトが安全であることを確信しています。以上です」

その瞬間、ラウンジ中から大歓声が沸き起こった。数分前は途方に暮れ、不安そうだった乗客たちの顔にも安堵《あんど》の表情が戻った。フライトをキャンセルしようとカウンターの前にできた乗客の列もいつのまにか消えていた。

数人の客室乗務員が私のところへやって来て礼を言った。

「見事に私どもをピンチから救い出してくれました」

また、ある乗客はこう言った。

「あなたがどんなお仕事をされているか知りませんが、きっとコミュニケーション関係の達人なんでしょうね」

たった今、私のおかげで、ユナイテッド航空はキャンセル客に支払うはずだった何千ドルもの払い戻し金を支払わずに済んだ。それだけでなく、私は大勢の乗客を大きな不安や心配から解放し、地上スタッフに代わって混乱を収めたのだ。

「私への信頼性の高さ」が、乗客の態度を一変させたのだ。

「信頼性」は、非常に強力な心理的トリガーなのだ。

・・・・・・・・・・・・・・・・・・・・・・・・・・

「正直であること」や「誠実であること」が伝わるメッセージも、たしかに信頼性を築くのに役立つ。しかし、信頼性というのは正直さや誠実さからだけではダメなのだ。

信頼性とは、信用できることでもある。アナウンスをした私という人間は、パイロットでもあり乗客でもあり、人に話せる知識を持っていた。

つまり、私は信頼に足る人間だったということになる。機長も信用できる人間だったはずだが、そこにはいなかった。地上スタッフは知識がなかったばかりに、もう少しでとんだ災難を引き起こすところだったのだ。

信用性には、信憑性《しんぴょうせい》という意味も含まれる。

あなたが話していることをお客は本当に信じているだろうか？　軽率な発言や月並みな表現、あるいは大げさなもの言いも、商品に備わっていたはずの信頼性を失わせてしまう原因になる。

また、信頼性を損なう最大の要因の1つは、お客の頭に浮かぶ疑問に対処しきれていないことだ。その場合、何か隠し事をしているか、商品やサービスの明らかな欠陥に触れないようにしているとお客に疑われてしまう。だから、お客が感じる抵抗感を1つ残らず取り上げ、克服することが必要なのだ。

要するに、お客が次にしそうな質問を先読みして、率直に、正直に、信用されるに足る回答を提示する。商品、提案、そして自分自身の誠実さをすべて賭け、プレゼンテーションで最大限の信頼性を示さなければ、お客は安心してあなたから買おうとは思ってくれないということだ。

たとえば私が、テレビショッピングチャンネルのＱＶＣに出演して商品を紹介すると、普通なら売るのが難しく信頼性を非常に必要とする商品でも、簡単に売れてしまう。なぜならばＱＶＣがお客からすでに高い信用を得ているからだ。ＱＶＣで紹介されるなら、きっと良い商品に違いない、お客の期待に応える品質の商品に違いないと思われているのだ。

商品を買うお客は、以前にもＱＶＣで買い物をしたことがあり、ＱＶＣを非常に信用のおける企業だと感じている人である可能性が高い。

要するに、私はＱＶＣの信頼性に乗っかって自分の商品を販売しているのである。ＱＶＣの信頼性と私の商品の信頼性が合わさることで、ものすごいパワーになっているのだ。

信頼性の力は、私が広告を載せる雑誌や新聞にも及んでいる。

『ウォール・ストリート・ジャーナル』に商品広告を載せたときには、同紙が長年築いてきた信用力があったからこそ、それに便乗して商品を売ることができた。

一方、同じ広告を『ナショナル・インクワイアラー』（訳注・ゴシップ中心のタブロイド紙）に載せれば、同紙がそれまで読者との間に築いてきた信頼性のなさが、私の商品にも大きく影響するのだ。

繰り返す。信頼性はセールス環境に影響される。

これは人的販売でも同じことだ。

たとえば、ブランド商品を利用すると、信頼性を高めることができる。ソニーというブランドの商品とまったく同じ機能を持った電気製品を「ヨークス」という名で販売した場合、どちらのほうが信頼性が高いだろうか？　たぶん、値段は高くてもソニーのほうが売れるはずだ。

著名人に推薦者になってもらうのも信頼性を高める効果的な方法だ。

会社名が同じ働きをする場合もある。かつてコンピュータを販売する「ツール・シャック」という会社があったが、この社名は、実は同社が販売し、すでに信頼性が確立されていたある商品名が社名になったのだ。

私の会社でも、ＪＳ＆Ａという社名と、知名度の劣る「コンシューマーズ・ヒーロー」という社名のブランド力を比較するために、それぞれの名で同じ広告を『ウォール・ストリート・ジャーナル』に載せてみたことがある。

違いは会社名だけだったのに、テストの結果、ＪＳ＆Ａの広告のほうが、もう一方の広告より圧倒的に反応が良かった。

都市や州が信頼性を与えてくれることもある。

企業が大都市に拠点を置きたがるのはそのためだ。もし私が出版業に携わっていたら、世界の出版の中心であるニューヨークにオフィスを開きたい。香水の販売会社なら、ロンドン、パリ、ニューヨーク、ビバリーヒルズにオフィスを設けたい。

もし私が脳外科手術を受けることになったら、堂々たる実績を持つトップ脳外科医に執刀してもらいたい。間違っても、「サルでもできる脳外科手術」などというタイトルの本を持って手術室に入ってくるような医者は嫌だ。

資格、実績、企業のトップや広報も信頼性を築くうえで重要になる。

・・・・・・・・・・・・・・・・・・・・・・・・・・・・

私が信頼性を築くために通信販売広告で使っていたテクニックがある。それは、専門的な説明を加え、広告メッセージにアカデミックを匂わせるというものだ。

この手法のいい例を紹介しよう。腕時計に内蔵された集積回路を写した写真につけたコピーだ。

ピンが向けられた新開発の「デコーダー／ドライバーIC」がカウントダウン・タイマーからの入力を受け、時間を計算しながらディスプレーを動かします。この宇宙時代のデバイスは、たった1つの回路が何千ものソリッド・ステート回路にとって代わり、最高の信頼性を提供しています。これは「センサー」だけが持つ技術です。

この技術解説が理解できる人はほとんどいないはずだ。事実、承認を得るためにメーカーにこれを送ったところ、電話が掛かってきた。

「書いてあることは正しいんですが、誰が読んでもチンプンカンプンですよ。どうしてこんな記事にしたんですか？」

読み手が理解できないかもしれない専門的な説明を加えるのは、当社がちゃんと調査を行ったことの証《あかし》になるのだ。

つまり、こんな難しいことを書く会社が良い商品だというなら、きっと良い商品に違いない。自分は確かな専門家から買うのだ。そういう自信をお客に与えるためなのだ（ちなみに、この腕時計は当社のベストセラー商品の1つだった）。

それほど専門性のある商品でなくても、専門的な説明を思いつくことはできる。

たとえば、私のセミナーに参加したフランク・シュルツが書いたグレープフルーツの広告は変わっている。

グレープフルーツなんてどこでもある商品だ。しかし彼は、広告の中で品質管理工程について取り上げ、『「羊の鼻」が付いているグレープフルーツ、つまり枝に隆起のあるものは売らないようにしている』と説明を加えた。グレープフルーツに関する専門用語を使って、専門家っぽさを示したのだ。

専門用語による説明は、通信販売広告でも人的販売でも信頼性を高めることにつながる。しかしそれには、自分が本当に専門家になることと、説明内容が正確であることが肝心だ。お客は嘘をすぐに見破る。

このテクニックは、接客セールスでも同じ効果が期待できる。

ただし条件がある。それは、専門家としての立場や信頼性を築くために必要なだけの専門用語を使うということだ。

だから、ただテクニックを使って知識をひけらかすだけだと逆効果になるのだ。

かえって信頼性を損なう可能性だってある。さらに必要以上に専門的な説明をすれば、お客との距離は離れるばかりなのだ。なぜならば、わけの分からない説明は眠くなるだけだからだ。

信頼性を得るための方法はさまざまだ。大切なのはいろいろな方法を使ってセールスを組み立て、セールス環境を整えることだ。

ここで紹介した方法をチェックリストとして活用してみてほしい。まずはどのテクニックがあなたの商品にふさわしいかを判断してから使いこなすことだ。

上手に使いこなせば、すばらしい効果が期待できるはずだ。

心理的トリガー14 信頼性・信憑性

あなたのメッセージに信憑性に欠ける部分があったら、お客に気づかれる可能性は大きい。どんなときも本当のことを誇張し過ぎず、全面的に信じてもらえるようにする。

アクションステップ

・あなたのひと言ひと言が、正確であるかどうかチェックしよう。
・もし裁判で自分の言ったことを、すべて自分で弁護しなければならなくなったとしたら、あなたは無罪になるか、有罪になるかを考えてみよう。

心理的トリガー15 情熱力

私の会社が通信販売広告で必ず記載することがある。それは商品が期待はずれだった場合は返品してもいいという、いわゆる「お試し期間」と呼ばれる返品制度についてだ。

しかし、私はセミナーで、この「お試し期間」以上に商品が売れるようになる方法があると教えている。それは「満足の確約」と呼んでいるものだ。

最初は、「お試し期間」も「満足の確約」も同じことのように思えるかもしれない。

前者は、満足できなかった商品を一定期間内に返品すれば代金を全額返してもらえるというもの。一方、「満足の確約」とは、保証という概念をもっと強力にしたものだ。

満足の確約とは、だいたい次のような意味だ。

「お客様にこの商品を気に入ってもらえる自信があります。なんなら、びっくりするほど信じられないようなことでもしますよ」

だからもし、私の「満足の確約」の広告コピーをお客に読んでもらって、「自分の商品にそんなに自信を持っているのか」「そこまでするの？」「あんな約束をしたら、悪意ある客に損させられちゃうよ」などと思うなら、「満足の確約」は成功したと思っていい。

1つの例がある。ブルー・ブロッカーというサングラスを売り始めたとき、私はテレビでこう言っていた。

「万一お客様がブルー・ブロッカーにご満足いただけなかった場合は、お好きなときにいつでもご返品いただいてかまいません。お試し期間はありません。いつでもご返品いただければ、代金を全額お返しいたします」

大勢の人が、「よっぽど良い商品に違いない。じゃなければ、あんな約束をするはずがない」とか、「おいおい、丸損しないといいが……」と思ったはずだ。いずれにしろ、私にはお客を大満足させる自信を裏付ける用意がある、ということが伝わったわけだ。

またある広告ではこう宣言した。

「このお買い物にご満足いただけなかった方は私にお電話をください。当社が商品をお引き取りする手はずを整え、その費用も負担し、さらには、お客様が返品にかけた時間を含めて代金を丸々お返しいたします」

あるとき、「満足の確約」の効力を試す機会があった。

「コンシューマーズ・ヒーロー」という会社のために書いた、格安修理品の販売情報誌の定期購読を申し込んでもらうための広告だった。ただ情報誌を送るのではなく、会員クラブを作り、会員誌にしたいのだ。

700字の広告を使って、さまざまな要素をテストしてみた。見出しを変えて調査をすると反応率は2割上がった。値段を替えると、値段が安ければ安いほど申し込みが増えた。ところが、「満足の確約」の部分だけ文章を変えたところ、反応率は2倍になった。つまり、プラス100パーセント以上の申し込みがあったことになる。

1回目の広告にはこう書いた。

「2年間の購読期間に何もお買い上げいただけなかった場合は、未使用分の購読料をお返しします」

2回目の広告ではこう書いた。

「でも、もし当社で一度もお買い物をされないまま2年間の会員期限が切れてしまったら？　ご安心ください。会員証をお送りいただくだけで、購読料全額に利子をつけてご返金させていただきます」

見て分かる通り、最初の例はスタンダードなお試し期間の提案だ。2つ目の例は、お試し期間なんてものではない。「満足の確約」のレベルに達しているのが分かるだろう。

このテストで「満足の確約」という心理的トリガーを使ったときには、広告の最後の最後に使ったにもかかわらず、レスポンスは2倍に増えている。

つまり、広告が最後まで読まれて、広告の一番終わりの購買決定がなされる重要な瞬間に、「どうしようか……」という読者の抵抗感が、「満足の確約」によって一気に消え去ったということなのだ。

・・・

「満足の確約」という心理的トリガーが、人的販売でもどれほど効果的であり得るか考えてみてほしい。売り込みを始めてから結構時間も経った、そろそろクロージングに入ろうというとき、この「満足の確約」を使ったら効果があることだろう。

なにせ、通信販売の広告では、レスポンスを倍増させるくらいなのだから……。

まずお客にプレゼンテーションする。つまり、それがなぜいい買い物なのか、なぜその商品を買うべきなのかを説明するのだ。それが済んだら、何か画期的なことをしてお客に最後の一線を越えさせなければならない。

しかもセールスメッセージの最後の部分で……。

メッセージは商品を買ってくれと頼むセールスパーソンが、同時にこう言っていることと同じなのだ。

「もし今ここで買ってくれたら、ほかのセールスパーソンが考えもしないようなことをしてあなたの満足を確かなものにしますよ」

「満足の確約」の理想を言うならば、「心理的トリガー4、5」で書いたようにお客の頭に浮かぶ抵抗感や最後まで残った抵抗感を取り上げて克服するように使うことだ。

克服する際には、お客の期待を超えるのだ。しかも「相手を喜ばせ、その人が持っているかもしれない最後の抵抗感をどうしても取り除くのだ」という熱意と、情熱ほとばしる表現でなければならない。

コンシューマーズ・ヒーローの広告が効果的だったのは、お客が最後まで持っていた抵抗感にあの一文がぴったりはまり、克服につながったからなのだ。

まず、お客の疑問を取り上げた。

「2年の間、おたくのサービスを利用せず、会報の商品を一度も買わなかったら?」

この疑問を満足の確約、つまりお客の期待を超える提案で克服したのだ。

ただ、「満足の確約」という心理的トリガーを使うときは、売る商品とのマッチングも大切だ。

「満足の確約」を示すだけが目的ではいけないのだ。とにかく、理に適《かな》っていることが肝心だ。

分かりやすい例を挙げれば、自動車ディーラーが見込み客に言う言葉がある。

「このまま乗って帰って1日お使いいただいても結構ですよ。この車を気に入ってもらえる自信がありますから。私が説得をしなくても、いつも車自身がセールスをしてくれるんです」

複雑な商品や操作の難しい商品を扱っている場合は、こういう言い方ができる。

「小さな装置ですが御社にはものすごくお役に立つはずです。スタッフの皆様が使いこなせるようになる自信もあります。だからこそ、スタッフ全員へのトレーニング、それも時間や費用に関係なく、完全に習得されるまで面倒を見させてもらっています。ですから、私にお任せくださいますね」

いずれも情熱的で、なかなかの満足させる自信にあふれている。お客の期待を上回り、通常提供されるサービスの範疇《はんちゅう》を超えているのが良いのだ。

「満足の確約」は、セールスでは決定的なほど重要な部分なのだが、その重要性に気づいている人は少ない。

私もセールスや心理学の本で、このことが取り上げられているのを見たことがない。しかし、単純な心理的トリガーとはいえ、どんな商品も成功に導く力がある。売上げを倍増することも可能かもしれない。

大事なことは、セールスの締めくくりに、お客が思いつく可能性のあるどんな抵抗感も克服する情熱的な手を打つこと。それには満足させる自信を示し、お客が一般的に期待すること、あるいはほかのセールスパーソンから当然に与えられると思っているものを超える何かを提供することなのだ。

心理的トリガー15 満足の確約

満足の確約とは、お客に「私はあなたが満足することを確信しているので、たとえ自分のお金を使ってでも、そんなにしてもらったら損をするのではと、逆にあなたが心配するくらいのことをして差し上げます」という意味をメッセージなどで伝える。

アクションステップ

・あなたが商品やサービスを売っているのはそれが非常に優れているからであり、そうでなければ売らないとお客に思ってもらえるほどの満足の確約とは何かを考えよう。

心理的トリガー

16

集団妄想、そしてマーケティング・アイディア

私が通信販売広告で活用していた非常に重要なテクニックの1つに、「リンキング」というものがある。

リンキングとは、消費者がすでに知っていることや理解していることと、あなたの商品とを結びつけるテクニックだ。結びつけることで、新しい商品も理解しやすく、親しみやすいものになる。

「リンキング」というこの心理的トリガーを簡単に説明するには、流行にからめた使い方を説明するのが一番だ。

流行とは、単純に言えば「熱狂」のことだ。大衆の意識を奪い、短期間のうちに大きな需要や考え方の変化、行動ブームを生み出す。

「需要」の例としては、1998年のビーニーベイビーズ（訳注・手のひら大のぬいぐるみシリーズ）や70年代のCBラジオといった商品がある。また「考え方の変化」として掲

げるなら、１９９８年のバイアグラブームのような商品が一般的になった。「行動ブーム」については、60年代後半の女性解放運動のさなかに、女性がブラジャーを投げ捨てたようなケースがそうだ。

特定の産業で流行が起きることもある。たとえば、エクササイズ産業では腹筋運動器具の流行があり、インフォマーシャルではビジネスチャンス番組が氾濫《はんらん》したこともある。

普通、流行は突然始まり、突然終わる。しかし、流行を例としてリンキングを説明するのが一番分かりやすいのだ。

その後、さらに掘り下げて、リンキングを商品やサービスの販売にどう活用していくかについてもお話しする。

さてまずは、いくつかの流行を取り上げ、リンキングとはどのように機能するのかを説明しよう。

・・・・・・・・・・・・・・・・・・・・・・・・・・・・・・・・・・・・

流行を理解し、流行の扱い方を知るには、ボストンの通販会社社長リチャード・ギルフォイルのエピソードが参考になる。

彼は歴史に詳しく、歴史的名品のレプリカを作ることを誇りにしていた。たとえば、ポール・リビアのランタン（訳注・リビアはアメリカ独立戦争のヒーロー。教会の塔にランタンを灯してイギリス軍の奇襲を知らせたと言われる）、フォージ渓谷にあるジョージ・ワシントンの像、独立戦争時代のソルト＆ペッパー容器といった名品だ。

１９７５年当時、彼の会社はかなりうまくいっていた。それもそのはず、アメリカは独立２００年祭を迎えようとしており、母国の誕生を祝う１つの方法として関連商品が人気を集め始めていたからだ。

売れ行きは好調だった。リチャードは流行に乗って、アメリカの２００回目の誕生日を祝う商品なら何でも売りまくった。

その後、彼の商売は底に落ちた。だが、急に売れなくなった理由など彼には分からなかった。売上げが落ちたのは、２００年祭を迎える１９７６年７月４日の直前のことだったのだ。

私のセミナーに参加したとき、彼はそのことで相当落ち込んでいた。いったい何が起こったのか。私は「消費者は彼の商品をアメリカの記念日と関係づけて、つまりリンクして見ていたのだろう」と指摘した。記念日が過ぎ、それがドンピシャリだったことが分かった。

しかし、リチャードはそうではないと言い張った。

「私の商品は歴史的価値のあるものだから、200年祭とは関係なくとも売れるはずなんだ」

そこで、彼の広告を見て改善策をアドバイスすることにした。

実際にすばらしいコピーだったのだが、コピーをひと通り読んだあと、やはり何が問題だったのかがはっきりと分かったのだ。

消費者は彼の商品を骨董品コレクションとしてではなく、アメリカ200年祭のブームとリンクさせて見ていたのは明らかだった。しかし、彼はそれに気づいていなかったのだ。

その後、彼は私のセミナーに参加してから作り直したという広告をいくつか見せてくれた。その1つに、ポール・リビアのランタンの小さなレプリカを付けたネックレスがあった。ランタンの中心にはろうそくの火を模した小さなダイヤモンドがはめられていた。とても美しい宝飾品だった。

私はコピーを読んで言った。

「これならいけますよ。広告は成功するでしょう。なぜなら、ネックレスが歴史的なものだからではなく宝飾品として魅力があるからです。今度は古き良きアメリカではなく、宝飾品として売れますよ」

案の定、広告は大成功した。彼は大きな流行というのはどのように始まり終わるのかを一瞬にして理解した。それと、流行として気づかれない流行があることも……。

・・・・・・・・・・・・・・・・・・・・・・・・・・・・・・・・・・

私は何社かのクライアント企業の広報を請け負っていたとき、知名度を高める方法としても流行を利用していた。

クライアントの1人が、所有していたスキーリゾートでスノーモービルを普及させようとしていた。

60年代後半当時は、女性自由化運動が新鮮で力強い熱を帯びていた。私はリゾートのオーナーに女性がスノーモービルを運転するのを禁止するよう提案し、堂々と発表するプレスリリースを発行した。

ニュースは全国に広がった。騒ぎが収まってから禁止を撤回すると、スノーモービルは全国的に知られるようになり、注目を浴びて売れるようになった。要するに、マーケティングの問題を流行にリンクさせたことで良い宣伝となって、売上げ向上に成功したのだ。

同じ頃、私がお願いしている会計士の1人、ジェリー・ハーマンも全国的な知名度を得たいと考えていた。

彼は、イリノイ州エバンストンのノースウェスタン大学の近くにある「スポット」というピザ・レストランのオーナーでもあった。当時女性たちの間では、ある奇妙なことが流行していた。それはブラジャーを脱ぎ捨てること、つまりノーブラになることだった。そこでブラジャー型のピザを作って流行にリンクさせてはどうかと提案したのだ。

ブラジャー型ピザは話題になり、その店のオーナーであるジェリーもまた全国的に知られるようになった。

また、人々の意識に関する流行を販売に利用したこともあった。

1972年、ニクソン大統領が電話でのすべての会話を記録するために盗聴器を使っていたこと（ウォーターゲート事件）が明らかになると、それに関する報道が盛んになった。私はすかさずJS&Aで、誰でも電話を盗聴できるシステムを仕入れて、『ウォール・ストリート・ジャーナル』に「電話を盗聴しよう」という見出しで広告を掲載したのだ。

この広告は失敗だった。FBIが自宅に来て、『ウォール・ストリート・ジャーナル』には二度と広告を載せるなと脅された。それだけでなく、商品もほとんど売れず、かなりの損をした。

これは苦い経験であったが、反対にタイミングよく流行に乗っかったことだってあった。アメリカでちょうどCBラジオが全盛期のときにトランシーバーを販売したのだ。トランシーバーを「ポケットCB」（CBと同じ周波数帯を使用していた）というネーミングのおかげで、CB市場の流行の大部分を取り込むことができたのだ。

何かが取り沙汰されて流行に変わりそうな瞬間というのは、流行とあなたの仕事とをリンクさせる最大のチャンスなのだ。目的は人に知ってもらうためでも、商品をプロモーションするためでもいい。

ED（勃起《ぼっき》障害）治療薬のバイアグラがサングラス「ブルー・ブロッカー」の宣伝に一役買ってくれたこともある。

バイアグラを服用した男性の数割に、「目が霞《かす》む」「光を眩《まぶ》しく感じる」「視界が青くなる」という3つの副作用が認められたのだ。ブルー・ブロッカーは、この3つの副作用すべてを軽減するので、その事実をプレスリリースで発表した。すると世界のあちこちで取り上げられるようになった。

バイアグラに付随して、もう1つ例を挙げよう。私はバイアグラの使用によってベビーブームが到来するかもしれないと思いついた。市場にはすでに2000万錠が処方され、男性のファ、イヤ、ー、パ、ワ、ー、が強化されたことを考えれば可能性は十分にあった。

そこで、『サクセス』誌にベビーブーム到来の可能性と、バイアグラによるライフスタイルの変化の将来的経済効果についてプレスリリースを発行することを提案した。私のアイディアは編集者から大いに気に入られ、翌号で取り上げてくれたのだ。

・・・・・・・・・・・・・・・・・・・・・・・・・・

流行にはものすごい力がある。これでリンキングの基本的な考え方は、あなたも理解したはずだ。しかし、流行がないときに、この心理的トリガーが販売プロセスで役立つことはあるのか?

また、この心理的トリガーは、人的販売にも役立つのか?

私は、今までにない種類の商品やなじみのないコンセプトを売り込むときは、必ずリンキングを使う。お客がふだんからなじんでいるものを商品に関連づけてお客の頭の中で結びつけてもらえるようにするのだ。

リンキングのおかげで、お客は新しい商品でも、ほとんど考えることなく理解できるようになる。商品をお客のニーズと関連づけやすくなるし、一石二鳥だ。

煙探知機を売ろうと思って作った広告が良い例だ。

広告の見出しは「お鼻」だった。つまり、煙探知機を煙探知機としてではなく（すでに類似品が数多く売られていた）、天井にいつもいて空気の臭いを嗅いでいる鼻として説明したのだ。鼻が煙の臭いを嗅ぐとブーと鳴る。鼻であれば、体の一部として誰もが機能を知っている。とても人間的で分かりやすいたとえを使って、電気製品とリンクさせたわけだ。

広告では、品質を表すのにもリンキングを使った。

たとえば、ＩＣの電極には「金」を持ち出す。この説明によって金のコストや品質と商品とがリンクし、商品の品質イメージが上がる。そのため、価格の高さを納得してもらうことができた。実を言うと、ＩＣの電極はどれも金を使っていたので画期的なことでも何でもなかった。ただ誰もあえてそれを説明しようとしなかっただけのことだ。

ほかにもさまざまな用途でリンキングを用いた。

たとえば、リモコン式エンジンスターターを販売していたことがあった。リモコンのボタンを押すと車のエンジンが自動的に掛かるというものだ。

これを「マフィアが喜ぶカーグッズ」と呼んだ。商品とのつながりが分かるだろうか？分からない？　広告では説明済みだ。

マフィアはよくライバル組織を排除するために自動車爆弾を使う。このリモコンを使って離れた場所からエンジンをかければ、痛くも痒《かゆ》くもないというわけだ。

もちろん市場はもっと広い。暑い日や寒い日はエンジンを先に掛けておき、車内を快適な温度にしてから乗り込める。こういった利便性を気に入るだろう人々も取り込んだ。

しかし、リモコン式エンジンスターターがポジションを確立できたのは、消費者が理解しやすいマフィアというリンクを通してだった。

例なら何百と挙げられる。しかし、リンキングに関して覚えておいてほしいポイントを言えば、売りたい商品やサービスをお客がピンとくる何かに結びつけ、お客のメンタルギャップを埋めてあげるということだ。

ほとんどの商品は、それまで売られていた商品の改良版だ。だから新しい商品を理解してもらうには、前の商品と関連づけて説明する必要があるのだ。

リンキングを使うときに最も難しいものの1つに「ミラクル商材」がある。ミラクル商材とは、信じられないくらい良い商品のことだ。

以前、自動車用品として小さな錠剤を売ったことがあった。

これは自動車のガソリンタンクに入れると燃費が良くなり、エンジンをきれいにし、無鉛ハイオクガソリンの10倍もの燃料点火剤が含まれているという、まさにミラクル商材だった。

しかし、市場に存在するものでリンクできそうなものがなかなか見つからなかった。結局、リンクとして使ったのは、「車のビタミン剤」「一錠でチューンナップ」というフレーズだった。

リンクは、記憶の中からも引き出すことができる。

たとえば、私はジョン・F・ケネディ大統領が亡くなったときのことをよく覚えている。ちょうどその瞬間に自分がどこにいたかや、そのときの混乱、自分が感じた心の痛みや感情など、すべての画像と感覚がその瞬間とリンクしている。

また高校時代、彼女と森をハイキングし、人生や大きな夢について語り合ったときの正確な時間や場所、感情まで思い起こすことができる。

私が描いていた夢は、大成功してカッコいいスポーツカーを手に入れ、南の島に住み、いつか小説を書くことだった。彼女はブラジルのサッカーチームの選手全員とセックスすることが夢だと打ち明けてくれた。

人的販売においては、リンキングがどんなふうに働くか認識しておくことだ。商品やサービスを案内するときに、消費者が結びつけられる何かとリンクさせることは、非常に効果的なことなのだ。

心理的トリガー16 リンキング

あなたの売ろうとしている商品やサービスと、消費者がすでによく知っているものとを関連づければ、お客はあなたの商品を理解しやすくなり、自分との接点を見つけやすくなる。リンキングは商品とそれに付加価値を与えるものとをダブらせたり、流行に便乗したりするときに使う。蓄積してきた経験や知識を、日常的に接しているものとを結びつける。

アクションステップ

・あなたの商品やサービスに付加価値を与えてくれるようなリンクをいくつか挙げてみよう。
・あなたの商品やサービスを、お客がすでに知っているものと重ね合わせてみよう。

心理的トリガー 17

全国世捨て人会議

これからお話しする重要な心理的トリガーを理解してもらうために、いくつかの点を指摘しておく必要がある。

まず、すでに学習したように、人は感覚レベルで物を買う。そして、感覚的な買い物を理屈で納得しようとすることも学んだ。

しかし、ここからがちょっと違ってくる。

買い物を理屈で納得する人の中には、どんな理屈で納得したかはちゃんと分かっていても、感覚的理由が何なのか気づいていない人が多い。

なぜベンツに乗るのか？　なぜマールボロを吸うのか？　なぜ特定の物事が流行するのか？　理由は、彼らが無意識にその商品を所有する人々の仲間入りをしたいと思うからだ。

マールボロを吸う人は、マールボロの広告代理店が作り上げた西部の荒々しいイメージが好きな喫煙者グループに属したいと無意識に思っている。

ベンツを買う人の多くは、ベンツに乗っている裕福な成功者たちが構成する特別なグループに属したがっているのだ。

いや、ベンツ特有のブレーキング・システムやサスペンション・システムのためだ、と言う人もいるだろう。

冗談じゃない。彼らはほかの車よりほんのちょっと優れているかもしれないだけの車に大枚をはたいているではないか。わざわざベンツでなくても、同じ場所へ同じ時間で行けるのに。彼らは頭がトロいわけでもない。でも、わざわざベンツを買うのだ。

例を挙げたらきりがないが、イメージの確立された商品には、その所有者グループに属したいと頭の片隅で無意識に願い、買っていく人が必ずいる。

ファッション、自動車、たばこ、電子小物など、どんなものでも、ある特定のブランドを買おうと思うのは、そのブランドの所有者の仲間入りをしたいという欲求があるからだ。

人間とはそんなものだ。

ボルボという自動車メーカーは、自社の顧客の教育水準がほかの自動車メーカーの顧客よりも高いことに気づき、水準の高さを公表した。数年後に同じ調査を行うと、その割合はさらにアップしていた。

私に言わせれば、新しいオーナーは自分も教育水準の高いオーナーに見られたい、つまりそのグループに属したい、と思っているからである。

セミナー参加者に聞かれたことがある。

「世捨て人はどうなんですか？　彼らには帰属したいという欲求はないのでは？」

いや、世捨て人は自分を世捨て人だと思っている人のグループに属したがっていると私は思っている。そういう人は、おそらく何千人といるに違いない。

グループに属すということは、必ずしも誰かと一緒にいたり、社会性がなければいけないというわけではない。


ここで大事なのは、「帰属欲求」という心理的トリガーだ。

ベンツのオーナーは、やはりベンツを所有する人のグループかその階級の一員として見られたいのだ。

70年代のカリフォルニアでは、ロールス・ロイスに乗ることが最高のステータス・シンボルだった。人々がロールス・ロイスを所有するオーナーに一目置くのには驚かされた。

私はアメリカ中西部出身で、車に対する意識の高い西海岸で生まれ育ったわけではない。だから、西海岸の人にとってロールス・ロイスがいかに特別なものであるかを知ってカルチャーショックを受けた。なぜってロールス・ロイス自体は、その時代の車の中で最も保守的で古臭い車だったのだ。

ある商品の所有者グループに属したいという「帰属欲求」は、販売やマーケティングにおける最も強力な心理的トリガーの1つだ。

たとえば、自分のお客が特定のブランド商品を欲しがっていることが分かったとする。そこから相手が内心どんなグループに属したがっているのかは予想できる。だからセールスを組み立てる際にも、自分の商品やサービスについても、お客がそのグループに属したがる感覚的な理由が当てはまりそうなものをすべて採り入れればいいのだ。

たとえば、ベンツを例にとってみよう。

ベンツを買う人の帰属欲求は、品質やサービスにうるさいお金持ちとして扱われたがることだ。それが分かれば、車を買おうとしているお金持ちが買い物の一端として、さらに金持ち特有の心理として期待するサービス、オプション、特典が提供できる。

私だったら、丁寧で、特別な扱いをしてくれるサービスを期待する。自分の車をアフターサービスに出している間は、代車も高級車であってほしい。自分の車に何かあったら、無償のロードサービスを受けたい。ほかにも、お金持ちだけが期待するようなアフターサービスや配慮をしてほしい。プレゼントをくれるなら、安っぽいキーホルダーなんかではなく高級筆記具セットのほうがいい。

半ば常識的なことを言っているのは分かっている。しかし、なぜ特定の商品が買われるのかという本当の動機を見過ごしていることがあまりに多いのだ。そのせいでお客をもっと知るチャンスを逃していることも事実だ。

商品、雑誌、サービス、もしくは場所でもいい、何か1つ思い浮かべてみてほしい。その商品かサービスの購買者グループ、その場所の居住者グループに属す人の心理にはどんな特徴があるだろうか?

特徴が分かったら、その人たちに対して、どんなアプローチが最適なのかも分かるようになるはずだ。購入を検討させるきっかけも分かってくれるだろう。

商品が持っている魅力、そして、お客が持っている傾向、その2つからヒントがつかめたとき、最も核心をついたアイディアが生まれるのだ。

ダイレクト・マーケティングは非常に科学的な分野なのだ。

メーリングリストを作るときは、デモグラフィック(訳注・年齢、職業、収入などの属性)とサイコグラフィック(訳注・心理的特性、価値観)の2つの切り口で分類し、メーリングの効率化と収益性アップを図る。

たとえば、私が電化製品を販売していたときの一番の得意客が、「『ポピュラー・サイエンス』誌を購読し、最近カメラを購入して、操縦士免許を持っている人」だったとする。

この場合、「『ポピュラー・サイエンス』購読者」、「最近のカメラの購入者」、「パイロット」のリストをそろえ、すべてのリストに共通する名前を見つける。

こうして見込み客を絞ることができる。

なんて効果的なのだろう。だって、テレビ売り場に立って、お客がテレビのチャンネルを回し始めるのを待っているのと同じだからだ（心理的トリガー6参照）。

・・・・・・・・・・・・・・・・・・・・・・・・・

最後に紹介する例は、電子小物を販売する通販カタログ『ガジェッツ』を始めたときの話だ。このときは、これ以上ないほど理想的な顧客を見つけることができた。

カタログは電子小物づくしで、無料電話の番号も「1-800-GADGETS」にし、私が電子小物に傾ける愛情を綴った論説ページも作った。さらには、「ギズモロジー（機械仕掛け博士号）」の取得を証明する卒業証書まで特別に用意してみた。

卒業証書には、次の2つの部類を用意し、いずれかに当てはまることを条件にした。どんな部類だったのか、ご笑覧いただこう。

【第1部類】

以下のすべてに該当する方。

電気工学系卒であること。多発計器飛行証明取得者。現役でアマチュア無線ができること。プロ級のアマチュアカメラマンであること。

これだけの技能と条件をすべて満たすことは比較的困難と思われますので、多少条件を緩和した第2区分も設けています。

【第2部類】

当カタログで商品を購入した方。

どの商品でも、字が読めない人でも、なんと！　注文1つで資格が得られます。

2つの区分のいずれかに該当する方には、立派な証書をお送りします。証書は額に入れて飾ってください。あなたが厳しい基準に合格し、晴れて「ギズモロジー博士号」を取得したこと、「ギズモロジスト」として認証されたことは世界的に認められているのです。

およそ100人が、第1部類に挙げた厳しい条件を満たすとして申し出てきた。

この第1部類に挙げたものは、まさしく私自身が持っていた資格だった。電気工学科は卒業こそしていないが、軍隊に召集されるまでの3年半、大学で電気工学を勉強した。この1つを除けば、すべての条件を満たしていた。
多発計器飛行証明を持つ操縦士で、現役アマチュア無線家で、熱心なアマチュアカメラマンだったからだ。

単に、自分と同じような電子小物趣味を持つ人を見つけようとしただけではない。私が電子小物への愛着を追求する中で経験したさまざまなことから、同じように経験してきたギズモロジストたちを見つけ出そうとしたわけだ。彼らは、確かに私と同じ部類に入る人々だったのだ。

「帰属欲求」は、なぜ特定の商品やサービスを購入するに当たって、最も強い心理的トリガーの1つだ。

お客がどんなグループに属しているかを見極め、次にお客のニーズや欲求と自分の商品との接点を見つけ出すことができれば、このトリガーを上手に使うことができるはずだ。

心理的トリガー 17 帰属欲求

人が特定の商品やブランドを買うのには、ブランドをすでに所有している人たちの仲間入りをしたいという強い心理的理由がある。商品の所有者グループを見てそのブランドに共感する人々がいる。

アクションステップ

- あなたの商品の所有者グループを特定し、なぜ彼らがその商品に共感しているのか見極めよう。
- 所有者グループから得た情報を活かすセールスを組み立てよう。

心理的トリガー18

簡単にできる尾翼コレクション

世の中には、「収集品」に分類される商品がある。切手、皿、人形、コインなどは、通信販売業者が過去に販売したほんの数例に過ぎないが、堅く売れる安全でニッチな市場だ。

こういった収集品であれば、それを集めたいという感覚や衝動は割と容易に理解できる。ところが、収集という行為は、どんなビジネス分野でも行われているのだ。と言ったら、あなたは驚くだろうか？

私自身の経験から、通信販売で腕時計を買う人を例に挙げてみよう。

腕時計が好きで買う人は、さらにもう1本売る相手として最適なのだ。カタログで腕時計を販売していたとき、前に当社で何か買ってくれたことのある顧客に定期的にダイレクトメールを送っていた。買ってくれたのが腕時計だった顧客も含まれていた。

その中で、腕時計の見込み客リストの上位を占めていたのは、以前にも腕時計を買っていた顧客だった。

腕時計はすでに持っているのに、何でもう1つ必要なのか？　そう思うのは浅はかだ。腕時計を集めている人は多い。彼らは腕時計、サングラス、ジーンズをそれぞれ複数持ち、ビデオやCDのライブラリー、アロハシャツを10着以上持っていることもある。挙げ始めたらきりがないくらいだ。

いつも感心させられるのが、QVCの視聴者が収集している人形の数だ。視聴者の中には、少女時代をだいぶ過ぎたご高齢のご婦人方もいらっしゃるが、QVC指折りの熱心な収集家だ。なにせ人形を数十体も持っているのだ。

QVCではミニカーも販売したが、これは男性の人気商品の上位に入った。それに負けていないのがブルー・ブロッカーのサングラスだった。スタイルの異なるものを含め、複数持っている視聴者が千人単位でいたのだ。

要するに、何かを販売する（印刷媒体、テレビ、対面のいずれでも）際には、覚えておいてほしい。理由は何であれ、同じような商品をいくつも集めたいという感覚的ニーズを持った非常に大きな市場が存在するのである。

彼らはそうした商品に大きな喜びや満足を見出しているのだ。

なかには実用的な商品を収集している人もいる。

本物の自動車を集めている人を考えてみよう。それだけお金に余裕のある人は、何百台にもおよぶフルサイズの自動車をコレクションしている。彼らはどんな感覚的ニーズを満たしているのだろうか？

通販会社は人の収集本能を最大限に利用して、最初の商品の発送とともに、あらかじめコレクションを収納できるようなものを無償で送ってしまうという手も使う。

・・・・・・・・・・・・・・・・・・・・・・・・・

忘れもしない。私は各航空会社のロゴが箔押し加工されたシルバー製の尾翼を注文したことがあった。フランクリン・ミント社から発売されていたものだ。

フランクリン・ミント社は、収集品に特化して成功している通販会社だ。私は同社がどのような過程で商品が送られてくるかを調査するために買ってみたわけで、決して尾翼集めの趣味や興味があったからではなかった。

3ミリ厚の平らな尾翼は、どれも純銀製で高級感があった。エアラインロゴとシンボルマーク入りの垂直尾翼だ。ロゴは尾翼に彫り込まれていた。幅はたったの五、六センチで重さは30グラムほどあり、純銀を使っているだけあって確かに高価なものだった。

最初は尾翼と一緒に、クルミ材の美しいハンドメイドのチェストも送られてきた。

4つある引き出しには、銀製の尾翼を1つ1つ収められるよう型抜きがしてあった。そのチェストがあまりにも高そうに見えたので、私は無意識に罪悪感を覚えた。

フランクリン・ミント社が高級チェストを送ってくれたお返しに、感謝のしるしとして何かしなければと思ったのだ。

たとえば、チェストを尾翼でいっぱいにするといったことを……。

大げさなと思うかもしれないが、あの罪悪感はチェストを受け取ったときに実際に感じたことだった。

その後、別の感覚が起こってきた。チェストには尾翼をはめ込むための型抜きがしてあったが、全部埋め尽くすのが待ちきれないような気分になったのだ。子どもの頃、丸いピースを丸い穴にはめたようなあれである。あなたも小さいときにやった覚えがあるはずだ。

尾翼は毎月欠かさず送られてきた。月に一度、フランクリン・ミント社の封筒が届くたびに、私はワクワクした。どの航空会社の尾翼が届いたのか、どきどきしながら封を開けていたのだ。

封筒を開け、尾翼をハンドメイドのチェストにしまうと、だんだん穴が埋まっていくのを実感した。まずは最初の引き出しを埋めつくし、それから2段目の引き出しに取りかかった。新しい尾翼が加わるたびに増えるコレクションを眺め、誇りに感じた。

あのとき、私は確かに何かを達成しようとしていた。難易度の低い、とくに努力もせずに達成できることだったが、自分の人生に何か1本筋が通ったかのようだった。

そこには、「心理的トリガー1」で説明した、「一貫性の原理」のような科学的で心理的なことに通じるものがあった。

そのうちにチェストの中に尾翼がそこそこそろったので、我が家に訪問客があったときなど、今やリビングルームの主役となった尾翼コレクションを披露することができた。かつて感じたことのない自己実現、自負心、達成感といったものを味わっていた。

やがて酔いが醒《さ》め、集めるのをやめるときがやってきた。

えらくお金がかかっていたし、集め始めたのも単に調査のために過ぎなかったからだ。人がなぜこのような図式に引き込まれてしまうのか、感覚的理由を身を持って知りたかっただけだったのだから……。

それに、もともと意味のないコレクションだったではないか。航空会社はものすごい勢いで合併したり、破綻《はたん》したり、名称を替えたりして、フランクリン・ミント社でさえ追いついていけないのだ。

しかし、私はこの不思議な経験から確信するものがあった。つまり、普通は収集家とは思われない人にも商品を売り込むチャンスがあるということをだ。

これに関して言えば、私の会社が販売する電子小物すべて、あるいは商品すべてを集めていた人もいたことを思い出した。彼らにとってみれば、私はドラッグの売人のようなものだ。当社の商品をいくら買っても買い足りないという中毒になっているのだから。お客には商品を売ったばかりだからといって、同じ商品やその商品の新しいバリエーションを売り込むチャンスを逃す手はない。

腕時計が一番よく売れるお客は、腕時計をすでに持っているお客だと私が気づいたように、フタを開けてみれば、最大の見込み客はほとんどそっくりな商品をすでに持っている人かもしれないのだ。彼らは非常に底力はあるが、見落とされがちな市場を形成している。印刷業者は印刷機を、園芸家は園芸用具を、建築家はめずらしい製図器を集めたがるかもしれない。どの世界にも、自分が扱っている商品を集めたいと思ってくれるお客が大きな割合でいるのではないだろうか?

収集欲求は、「一貫性の原理」にもつながっている。いったん購買パターンが出来上がると、将来の購買行動でもパターンを踏襲《とうしゅう》するほうが簡単で安心なのだ。

収集欲求の対象となる商品は、いわゆる収集品の範囲を超えている。

商品を1つ売ったら、こう考えてみたらどうだろうか？　お客はあなたから買った商品と同じような商品を集めたいと思っているかもしれないと……。

ところで、昔の飛行機の尾翼も売れないだろうか？

心理的トリガー18 収集欲求

人間の心理には、収集したいという強い衝動がある。切手集めやコイン集めといった明らかな収集品に限らず、どんな商品も収集品になり得る。

アクションステップ

・あなたの商品を一番買いそうなお客が、同じような商品を買う可能性の高い見込み客でもあることを認識しよう。
・お客の中に潜む収集衝動を調べよう。

心理的トリガー
19
火事だぁ、助けて！

私がまだ8歳だった頃に起こった本当の出来事だ。

ちょうどこの頃、私は自分の水鉄砲とマッチを手に入れた。マッチで火をつけ、水鉄砲でその火を消すのだ。簡単なことだから、やすやすとできるはずだ。

ある日、マッチで火をつけて紙を燃やし、それを水鉄砲で消して遊んでいた。思った通りだ。火は水で消すことができた。

その後、住んでいたアパートから道を下ってすぐのところにあった空き地へ行くと、窓もドアも壊された廃墟と化したガレージを発見した。

ガレージの古びた柱は、強風で吹き飛ばされそうだった。ガレージの外には、誰かが切った木の枝が束で捨ててあった。

私は、葉の繁った枝を1本取ってガレージの中に入って行った。

レンガで小さく円囲いを作り、燃え広がらないようにしてから、ちょっと火をつけてみた。炎が大きくなるのを見るにつれ、先ほどのように水鉄砲だけではすぐに消せない気がしてきた。そこで、別の方法を使って炎を消そうと考えたのだ。葉の繁った切り枝だ。枝でたたくと火は収まったので、燃えさしを水鉄砲で消すだけで済んだ。枝と水鉄砲を使うという、またしても単純な思いつきがうまくいったわけだ。

枝が火を消すのに有効だということが分かったとき、ふとある考えが浮かんだ。

——ガレージ中に炎を広げ、その後、切り枝で鎮火し、最後に水鉄砲で仕上げをしたらどうなるだろう？

私はガレージのあちこちに火をつけてみた。すると、そこら中から炎が上った。というか、火を消すことは自分ではどう頑張っても無理なような気がした。消火器を使ってもダメかもしれない。

しかし、私は頼みの枝を手に取り炎に向かって振り回すと、火は数分のうちにくすぶる程度になった。水鉄砲の出番がほとんどないほどだった。切り枝だけでも十分やれそうだった。

ついに私は、すごいアイディアを思いついた。

——ロビンちゃんにカッコいいところを見せよう。

ロビンは私と同じ8歳の女の子で、同じアパートの上階に住む、好きで好きでたまらなかった子だ。彼女には全然相手にされていなかったが、とうとうチャンスがやってきた。

私がどんなに勇敢でたくましい男か、彼女に見せるチャンスが到来したのだ。

計画はいたってシンプル。私が観たどの映画でも、炎上する建物から、あるいはインディアンの容赦《ようしゃ》ない襲撃から危機一髪、ヒロインを救い出すのはヒーローの役目だ。そう決まっているのだ。ジョン・ウェインがよくやっていた、あれだった。

ということは、私はロビンと仲良くなれてしまうと考えたのだ。

私が彼女を大惨事から救う、彼女は死ぬまで私に感謝する、そして彼女をゲットするというわけだ。

ハサミとロープを用意し、マッチを補充してガレージへ引き返した。葉の繁った枝をガレージのすぐ外に積み、レンガの火囲いをセットし、紙や小枝を敷き詰めた。ハサミはガレージの隅に、そして水鉄砲を水でいっぱいにした。

準備が整うとアパートに戻り、ロビンを呼びに行った。「君のために特別にイベントを用意したから見に来て」と言って。

彼女はイベントを見に、私について来てくれた。

その日、彼女は裾《すそ》にフリルのついたかわいい白のドレスを着て、バスター・ブラウン社のおかしな靴を履いていた。

ガレージに向かう途中、私はほとんど話をしなかった。自分の作戦に集中していたのだ。

ガレージの中には、屋根を支えている2本の柱のうち、1本に寄りそうように小さなベンチがあった。

私はロビンにベンチに腰掛けるように言い、「これから君を縛るけれども僕を信用してほしい」と伝えた。結び目はあまり固くしないし、言うことを聞いてくれたら、自分が考えたことをやって見せるからと。

私は自分が何もかもちゃんと心得ているといったふうに自信ありげに振る舞った。もちろん「ありげ」ではなく、実際に自信があったのだ。

ロビンは言う通りにしてくれた。ロビンがベンチに座ると、彼女を柱とベンチの両方に縛りつけた。私がハサミでロープを切らない限り、彼女がそこから逃れる手段はなかった。

それから、紙や小枝に火をつけた。炎が大きくなると、もう一方の柱に立てかけてあった棒を手に取り、ガレージ中に火を広げた。そこら中が燃え出した。

ロビンは見るからに驚愕《きょうがく》していた。火が縛られている彼女のほうへ近づき始めたのを見て、私は叫んだ。

「ロビン、心配しないで！　すぐ助けに戻って来るからね」

そう言ってガレージを飛び出し、葉の繁った枝が積んである場所へ駆けて行った。

ところが、枝が！　ない！

おそらく誰かが持って行ってしまったのだろう。ゴミ収集車だろうか？

急いでガレージに戻ると、ロビンの顔は恐怖に満ちていた。

私が「切迫感」という言葉の意味を知ったのは、まさにこの瞬間であったのだ。

ロビンは泣き叫び始めた。私は水鉄砲を取り出したが、すぐにそれが何の役にも立たないことに気づいた。ハサミを探したが、すぐには見つからなかった。

炎はそこら中に上がっていた。ロビンはもうあらん限りの声で叫び、私は1秒を争うように必死で結び目をほどこうとした。

しかし8歳の子どもが、この状況ですぐにほどけるはずもない。

混乱の中、やっとハサミが見つかった。私はロープを切ってロビンを解放した。ロビンはガゼルのごとくガレージを飛び出し、家へ走って帰って行った。

確かに彼女が火葬されそうになるのを救ったが、私の計画はどういうわけか自分が思い描いたようにはいかなかった。

ガレージは全焼。もちろん、私は大目玉を食らった。十分過ぎるほど……。

ロビンはといえば、私の行動をヒーローらしいとは思ってくれず、二度とそばに近寄ろうとはしなかった。彼女だけでなく彼女の遊び仲間までも私に近寄らなくなった。

火事だぁ、助けて！

以上の話から分かるように、「切迫感」というのは、自分にとって大事なものを失いそうになったときに一番強く感じる。

私はあの瞬間、ガレージだけでなく、高い確率でロビンまで失う可能性があることに気づいたのだ。

セールスにおいて、「切迫感」という心理的トリガーを言うとき、顧客心理として考慮しなければならない側面が2つある。

1つは「失うこと」、もしくは「何かを失う可能性があること」。もう1つは「先送り」だ。

まずは、先送りの例を挙げてみよう。

見込み客のハリーは、すっかりその気になってくれた。あなたの見事な手腕だとしよう。最初はとんでもなく難しいお客だったハリーに、あなたが必要と思われるあらゆる理屈や情報を与えた。初めにハリーの抵抗感を残らず取り上げ、説明の中で巧みに克服していったのだ。

情熱と敬意、誠実さと信頼性を示し、「はい、はい」とうなずくハリーに書類にサインをしてもらおうと、あなたがペンを差し出す。

そのときだ。彼ははたと止まり、目を真っすぐ見返してこう言った。

「その前に、ちょっと考えさせて」

経験則から言えば、こうなったときにはお客はもう買わない。

第1に、ハリーが好意的に受け止めた見事なセールスは、時とともに忘れられる。

第2に、たとえ運良く忘れられなかったとしても、最初のときほどのインパクトはもうない。

見込み客を顧客に変えるにはどれだけインパクトが必要か、あなたもよく分かっているはずだ。昔からよく言われる「去る者は日々に疎《うと》し」は、こういうときにも当てはまる。

つまり、ハリーの先延ばし作戦を回避するには、今すぐ買ってもらうための動機や理由を与える必要があるのだ。うまく事が運べば、ハリーは今買わないことに罪悪感さえ覚えるはずだ。

ただし、お客の面子《メンツ》をつぶさないようにしない限り、「考えてみる」と言う人に「買う」と言わせることはできない。

いったいどうやったらいいいのか?

心理的トリガー19
火事だぁ、助けて！

まず、これだけはやめたほうがいいという例を挙げよう。

ハリーに対して、あなたはすでに長い時間かけて買うよう説得してきた。絶対にやってはいけないことは、嘘をついて誠実さを台なしにしてしまうことだ。たとえば、

「2、3日のうちに買わなければ、品切れになります」

といった見え透いた嘘は、お客をうんざりさせる可能性が高い。

気をつけてほしいのだ。セールスの締めくくりの言葉は、購買をうながす言葉であっても切迫感をあおる言葉であっても、嘘偽りなく一貫して示してきた誠実さが保てるものでなければならない。

では、「切迫感」を生み出すにはどうすればいいのか？

切迫感を伝えるこれという売り文句を持っている人もいる。しかし、致命的な過ち1つでセールスを台なしにする人も多いのだ。

その致命的な過ちとは何か？　それは、買うかどうかの決め手になる重要なポイントの説明を忘れてしまうことだ。そうすると、まだ買わない理由が残る。

「聞いておきたいことがあったのに、答えられないなら、答えられるようになってから連絡をちょうだい」

などと責任逃れされるのだ。要するに、せっかく申し分のない切迫感を作り上げても、決定的な情報が漏れていたら水の泡なのだ。

私の会社では新商品を紹介するとき、必ず「全国一斉、デビュー記念価格」というフレーズを使っていた。

たいした意味はなかった。ただ単に今は低価格だが、いずれ値上がりする可能性があることをほのめかしていたのだ。「全国一斉、デビュー記念価格」とは、たいていあとで値上がりすることを示している。実際には、電卓や電気製品の価格はすぐに下がり、値下げばかりしていたため、そのフレーズもそのうち使わなくなったが。

とにかく、切迫感を与える言葉は常にセールスの終盤にくるようにするとよい。切迫感とそのほかのトリガーが融合し相乗効果を発揮するのも、終わりでのことだ。どのコンセプトもよく考えてつながるようにしなければならないのだ。

セールスでは、必ず切迫感を持たせ、売る前に帰られないようにすることだ。もし買うという確約を得ずにお客を帰らせてしまったら、セールスを成功させるチャンスはどう転んでもかなり薄いと見ていい。

では、セールスでの切迫感は、どうすれば持たせることができるのか？

できることはたくさんある。たとえばこう言ってみるのはどうだろう？

「御社の競争相手がちょうど今同じ設備を導入しています。今ご決断いただくために、何をお手伝いさせていただければよろしいでしょうか？」

また、こういう言い方もできる。

「年内のご注文は今日で締めるらしいんですよ。そこでなんですが、うちの商品は御社にぴったりだと思います。それをご納得していただきたいのですが、私個人にできることがあれば、何をさせていただければいいでしょうか？」

１９５６年、ニューヨークで私がセールスマンシップに関する本を読みあさっていた頃、経営アドバイザーでトップ営業マンだったエルマー・ホイラーが書いた『Selling Dangerously』（『大胆になる法』実務教育出版刊）という本に出合った。彼の考え方は明快で印象深かった。

ホイラーによると、お客に「考えさせてください」とか、「ちょっと相談してみます」と言われたときは、お客を逃した可能性が高いと考えてよい。

ということは、そう言われたあとは売る側としては何も失うものはないのだから、売るために大胆な行動や無謀な行動に出てみることだ。その結果、お客に追い帰されるようなことになったとしても、一向にかまわないはずだ。それが彼の論理だった。

彼はこんなストーリーを書いている。

お客に商品を売り損ねたセールスマンが説明の最後にこう言う。

「今すぐ買っていただくのがお客様のためなのですが、どうもご納得いただけなかったみたいです。これ以上貴重なお時間をいただくのは申し訳ないので、その分お金をお支払いしますよ。２００ドル払いますから、少なくともあと15分はお時間をいただけるかと思います。その時間を使って、今すぐこの商品を買っていただけるよう説得させてくださいね」

ほかにも厚かましい例がある。

たとえば、買うかどうか決める前に家の者に相談したいというお客への言葉。

「おうちの方に相談ですか？　その方はお客様が決めたことを信用しないんですか？」

「うちの者に」という既婚者がよく使う言い訳に、夫が（妻が）「買ってもいいと言ったら」というのがある。非常によくある先延ばし策だ。

ホイラーに書かせるとこうなる。アイロンを売ろうとしていたセールスパーソンが、相手の主婦からこの常套句《じょうとうく》を聞かされる。

「主人と相談させてください」

すると、セールスマンは間髪入れずに返す。

「ご主人は何曜日に洗濯物をされます？」

火事だぁ、助けて！

主婦が不意をつかれ、洗濯物は自分がしていると答えると、彼は次にこう言う。

「それなら、洗濯の日に頭や腰を痛めるのは、ご主人ではなく奥様ですよね」

セールスパーソンは、十分にお客の心に浸透するのを待ってから、小声でこう囁《ささや》く。

「ご主人は、仕事を楽にしてくれて頭や腰が楽になる会社の機械のことで相談なんかされないでしょ？」


相手に先延ばし策を使わせずに買わせることが重要なのだ。

あなたも自分の商品に合った切迫感を作り出せるかどうか考えてほしい。

そういえば、私に高額な土地を売ろうとしていた不動産屋のセールスマンで、「切迫感」という心理的トリガーを使わなかった人がいた。あとになって分かったことだが、それは私に対する敬意の表れだった。

つまり、抜け目のない事業家にあからさまなテクニックを使っては失礼に当たると思ったらしい。しかし、露骨にならずに切迫感を持たせる方法はいろいろあるのだ。

たとえばこのように。

「シュガーマンさん、こういう土地はすぐに売れてしまうことがあります。だから私としては、誰よりも、まず一番にお見せしたかったんです」

どのセールスにおいても、少なくとも切迫感を考えない手はない。ただし、どんなことがあっても、「奥の手」を使うのは最後の最後が良い。

心理的トリガー 19 切迫感

説得したにもかかわらず、お客にもう少し考えたいと言われたら、その客を逃した可能性が高い。どんな最高のセールストークも時間とともに風化し、遠い記憶と化してしまう。購買をうながすには切迫感を使い、先送りさせないこと。

アクションステップ

・なぜあなたの商品やサービスをすぐに手に入れなければならないのか、具体的な理由を考えよう。
・お客に動機付けや今すぐ買ったほうがよい理由を与えて働きかけよう。

心理的トリガー20
金喰いスノーモービル

俗に言う、「限定品」「希少品」「オリジナル品」は、扱う商品の種類や状況によっては非常に強力な心理的トリガーになり得る。

基本的には、お客に自分を特別だと思わせる、つまり、価格に関係なく、限られた人しか手に入れられないものを買わせてあげていると思わせるテクニックがこれだ。

この心理的トリガーには、非常に強い感覚的魅力がある。

特別扱いされるのは誰でもうれしい。人はたいてい、わずかな人しか所有し堪能できない商品を所有するレアなグループに属したいと思っている（「心理的トリガー17」で指摘したように）。

生産数量を制限して販売することで、お客の心をぐっとつかんでいる会社がある。

フランクリン・ミント社は、数量限定販売を武器に、数百万ドルレベルの事業を行っている。創業当初はコインで、その後は皿やカップからモデルカー、飛行機の尾翼まで、ありとあらゆるものを扱っている。収集できて数量が限られるものはすべてミント社の恰好の売り物だ。

限定版を売るもう1つの目的は、価値を提供することだ。

人が多種多様なコレクションをはじめ、同じアイテムをほかの人も収集し始めると、そのものの値打ちは上がっていく。すると需要が起こる。まもなくコレクションはマス・マーケットの関心の対象になり、さらに多くのコレクターを引きつける。そうなれば、値打ちは本格的に高まり始める。

私はこれまでインターネットで検索し、収集家向けの雑誌を調べ、広告を載せたりもしたが、今現在、私以外に飛行機の尾翼を集めたことのある人を見たことがない。

ということは、尾翼はどうやら値打ちが認められなかった数少ない例の1つだったようだ。それとも、これからブレイクするのだろうか？

集めているときも、「集めているのは私だけではないのか？　ミント社は私ひとりのために、1セットしか作っていないに違いない」とよく思っていた。

同じコレクションを持っている人がいたら、連絡をください。ぜひよろしく。

極限られた数しか出回っていない収集品の値打ちは、さらに高くなる。

誰かが屋根裏部屋で古い家宝を見つけ、一財産に相当する値打ちがあった、なんていう話はいつの時代にもある。私のシルバーの尾翼だっていつかそうならないとも限らない。ところが、限定品としての条件をすべて満たしながら、値打ちがほとんど上がらないアイテムがある。

たとえば自動車。限定車をあまり作り過ぎると、値打ちが上がるまで時間がかかる。その一方で、60年代に作られたフェラーリはものすごく値が上がった。理由は、生産台数が極めて少ないうえに、熱狂的なカーマニアがいるからだ。

・・・

限定販売の効果を実感したのは、1980年10月、ウィスコンシン州ミノクアにいたときだ。セミナーで講演した直後のことだった。

セミナー会場には、参加者のお楽しみのために、スノーモービルを6台用意していた。冬にセミナーを行うときは、いつも参加者が休憩時間に乗って遊べるようにしていた。スノーモービルは楽しいので、誰もが乗りたがった。

そんなとき、マテル・エレクトロニクスのジェフ・ロクルズ社長が、スノーモービルで大事故を起こし、腕の骨を折ってしまった。そして、スノーモービルは使用禁止になった。

以来、6台のスノーモービルは私の自宅のガレージにあり、ときおり訪ねてくる友人たち以外には、ほとんど乗る人がいなかった。

ある日、単なる好奇心から、地元のスノーモービル店を訪れた。あの6台を買ったのと同じ店だ。言うまでもなく、これ以上スノーモービルは必要なかったが、新しいモデルにどんな細かい改良がなされているか、知りたかったのだ。

店に入り、店員に声を掛けた。

「やあ、ポール、今年のモデルはどれだい？」

ポールは私を小さな展示台の上に置かれたスノーモービルに案内し、指差した。

「この子がうちの新しい油冷モデルで、時速160キロ以上も出るすごいやつだ。2600ドルだよ」

当時、スノーモービルといえば、1000ドルを切っていた。普通、最高速度はおよそ60キロだったから、新型は明らかに別格だった。

しかし、いくら別格でも、私はすでに6台も持っていたし、どう考えてもそれ以上必要なかった。

私は振り向きながら、意に介さぬふうにポールに言った。

「160キロも出て、2600ドルもするスノーモービルなんて、いったい誰が買うんだ？　ふざけてるよ」

ポールは含み笑いをして言った。

「年内はこの州全体で6台しか出回らないらしいよ。うちには2台しか入らなくて、1台はもう売れちゃった」

その瞬間……。

「じゃこれ、私がもらうよ」

そう、結局買ってしまったのだ。このパワーあふれる、数少ない最新モデルを所有する限られた人間の1人になりたかった。スノーモービルはこれ以上必要なかったのに、気持ちが勝って結局買うハメになってしまったのだ。

限定販売の威力を思い知らされた出来事だった。

・・・

「限定」の力を販売で活用するにはどうしたらいいのか？

それは売っているものが限定品であるように見せてしまえばいいのだ。よく行うのは、生産を制限し、その事実をお客に知らせるというやり方だ。

「限定商品」は需要を拡大してしまう心理的トリガーなのだ。

たとえば、オールズモービル（訳注・アメリカ最古の自動車メーカー。GMの傘下に入ったが現在は生産されていない）のオーロラを販売するとしよう。

私なら、シボレーと比べてごくわずかしか生産されていないことに触れる。具体的な数字まで示す。するとお客は、特別な車を手に入れようとしていることを認識させられるわけだ。

発行部数の多くない本を売る場合には、それぞれに番号を振り、著者にサインを入れてもらうという手がある。すると、サイン本は買った人にとって特別なものになる。ナンバーが入っていれば、それぞれが限られた中の1冊だと感じられる。

サインしたものは価値が高まる。サインされた商品は、より限定されたより特別な品になる。それに、サインした人が有名であればあるほど名前もサインも価値が増す。

想像力を働かせて、あなたの商品を「限定品」「オリジナル品」「希少品」にする方法を10通り考えてほしい。

数量を制限したり、サインや番号を入れたり、過少生産することもできる。限定の情報をお客に伝えるのだ。

誰だって特別扱いされたい。その感情に上手に訴えるには、限定販売の力を借りるのが一番だろう。

心理的トリガー20 限定

自分以外にはわずかな人しか持っていないものを所有するというのは、人間の強い動機付けの1つになる。収集品や限定版、短期生産、超高級品などは少数の人しか所有できないため、どれもお客に買いたいと思わせる強い動機付けとなる。

アクションステップ

・より限られたものにするために商品の供給を制限し、そのことをお客に知らせよう。
・限定の度合いを高めるには、サイン入り商品にしたり、数量を抑えた商品をほかの商品の供給量と比較したりして、商品の価値を示そう。

心理的トリガー21

バカで単純がサイコー

マーケティングの世界ではあまり知る人がいないが、非常に的を射た真理がある。

それは「ＫＩＳＳ」、つまり「Keep It Simple, Stupid」（何事も単純でバカがいい）というものだ。

でも、同じＫＩＳＳなら、次のほうがいいと思うのだ。

「Keep It Stupid and Simple」（何事もバカでいい。しかも単純に）。

これはお客はバカだとか、レベルを落として単純な話しかするなということではない。

私が言いたいのは、「メッセージを飾ったり難解にしたりせず、すんなり理解されるようにしたほうがいい」ということだ。

「単純明快であること」は、おそらく最も重要な心理的トリガーの１つだ。それなのに、マーケティングの世界では、かなり軽視されがちなように感じる。

何事もシンプルが一番なのだ。

販売ではセールストークの一部始終をシンプルに、商品をシンプルに、そして何よりも提案をシンプルにすることだ。

だからといって、小学生でも分かるような平易な広告を書け、子どもでも分かるように話せ、と言っているわけではない。私が言うシンプルとは、そういう意味とは違う。

たとえば、広告コピーは、学歴の高い人も低い人も読んではっきり理解できるものであるべきだ。相手が誰であれ、人によって表現のレベルを上げたり下げたりするのはいいスタンスとは言えない。

難解な言葉を使って人を感心させようとするのも、人を見下した話し方の1つなのだ。言葉遣いでカッコつけても、日頃そのようなもったいぶった言葉を聞き慣れていない人は、話についてこられない。

言葉には、ストーリーがあり感覚的イメージがある。言葉の1つ1つが影響力を持ち、言葉には想像した以上に影響を与える場合がある。シンプルな言葉遣いには一番のインパクトがある。誰もが理解できる言葉は、皆が難しいと感じる言葉よりもずっと効果的だ。当たり前だと思うかもしれないが、難解な言葉を使う人は、「自分のイメージをアップさせたい」と思っていることが多いのだ。

そうしたいならば、私はかまわない。しかし、あなたの営業成績はダウンするだろう。

物事を複雑にする傾向のある人は、ダイレクト・レスポンス広告のコピーライターには向かないのは当然として、セールスパーソンとしてもおそらく成功しない。

私はよくセミナーで「絞り込め」と教えている。

自分が達成したいと思っていることに照準を絞り込んで、複雑さや不必要なものを省いてもらうのだ。

・・

シンプルにすることで成功した例がある。

それはマレイ・レイフェルが私に声を掛けてくれたときのことだ。彼は大切な友人で、すばらしい講演家でもある。

彼はスイスアーミー・ウォッチを商品化した人々と面識があり、私にアメリカで販売する気はないかと打診してきた。もちろんOKだ。そこで時計のラインナップを見せてもらう段取りになった。

ミーティングでは、3つのスタイルのカラー・バリエーションをそれぞれ3色、計9種類の時計を見せられた。1つは紳士用、1つは婦人用、もう1つは子ども用だ。色は黒、赤、カーキ。私は時計を吟味し、開発の経緯を聞き、スイスアーミー・ウォッチに関してかなりの物知りになった。

ミーティングの席で、メーカー側がいよいよ核心の質問をした。

「時計をご覧になって、いかがですか？」

私は並べられた時計を眺め、しばらく考えた末にこう答えた。

「試しに、黒の紳士用時計だけを『ウォール・ストリート・ジャーナル』に載せることにしましょう」

時計メーカーの役員たちの顔色が曇った。

「全種類扱ったらいいじゃないですか。9種類売ったらそれだけたくさんの人が買いますよ。男性に限らず、女性や子どもも買うでしょう。色も選べますしね」

私は経験から、「シンプル・イズ・ベスト」——お客にあまりたくさんの選択肢を与えるのは非常に危険なことだと言った。

しかし、私が何と言おうと彼らは聞いてくれなかった。

「たくさん並べれば、たくさん売れるっていうのが道理ですよ」

必ずしもこの道理が通るわけではない。そこで私は自分の正しさを証明できるアイディアを提案してみた。

「A／Bスプリット」と呼ばれる手法で、2種類の広告を載せるという提案だ。『ウォール・ストリート・ジャーナル』に広告を2種類、A案とB案を印刷し、同じエリアに同時に配られるようにするというものだ。つまり、ある家はA案の広告を、その隣の家はB案の広告を受け取るという具合だ。

これは、2つの広告のどちらがより効果的かをテストする優れた方法なのだ。

私はテストを行うことを申し出て、2種類の広告をほぼ同じコピーとグラフィックで掲載した。

デザイン等の違いはほとんどなかったが、広告Aでは紳士用時計の隣にサイズが比較できるように、婦人用、子ども用の時計を並べたのに対し、広告Bでは紳士用時計だけを見せた。つまり、広告Aでは9種類の品ぞろえをすべて一覧にし、広告Bでは紳士用の1種類だけしか載せなかったのだ。

2つの広告が掲載されると、紳士用時計だけを紹介した広告Bのほうが、9種類のモデルをすべて紹介した広告Aよりも反響が大きく、その差はなんと3対1になったのだ。

9種類のモデルを紹介した広告で1本売れるたびに、黒の時計1つだけを紹介した広告で3本売れた計算になる。

消費者を混乱させるほどのたくさんの選択肢を与えると、消費者は尻込みして買わない。

私には買わない理由がほとんど直感的に分かっていたのだ。

商品が多ければ多いほど、お客は選ばなければならない。お客にとって選択することは必ずしも簡単なことではないのだ。対面販売の場合など、ときにはお客に代わって選んであげなければならないときがある。一番良さそうなモデルやスタイルを選び出し、お勧め品として注目させることでお客は安心して買うことができたりするのだ。実際に、お客は選んでもらうことを好み、そのほうがありがたがる場合が多い。

私が通販広告で使うセールスコピーはシンプルだ。

「取扱い商品をすべて調べましたが、品質、機能、価格の面で、個人的にこれがベスト、、、だと判断し、選択したのです」

私のお客は、わざわざあちこちの店に出かけて見比べる必要も、近所の通に相談する必要もなくなる。私の会社を信頼し、ほかのどの商品よりも自分たちにぴったりな1点を選んでもらえるのを喜んでいるのだ。

では、どのタイミングで9種類の時計を全部見せるべきか?

それはあとから通販カタログか、対面販売で見せることだ。つまり、見込み客が顧客になったあとにすべてのラインナップを提示するのだ。スイスアーミー・ウォッチに興味を持ってもらい、まず1つ買ってもらう。その後、カタログを使って全9モデルを見せる。

カタログがお客の手元に届く頃には、お客はもう立派な時計バイヤーだ。大きな選択肢を与えてもいいのは、それからなのだ。

・・・・・・・・・・・・・・・・・・・・・・・・・

シンプルサクセスの事例をもう1つ。

30分もののテレビコマーシャルを制作したときのことだ。

シワを減らし、肌の状態を良くするという商品のコマーシャルだった。

「ミラセル」という名のその商品は本当に画期的だった。私も2、3カ月飲んで劇的な効果が見られた。会社で2度の二重盲検試験を行い、その結果、本当に効き目があることが証明されていた。

しかし、1つ重大な問題があった。

最も速く効果を得るには、最初の3カ月間は1日に2錠ずつ服用し、3カ月後からは1日1錠に減らすという服用法だった。

これは、単純明快という私のルールに反していた。消費者はこれだけでも混乱するだろう。しかも、価格も複雑になってしまう。

「ミラセル」の価格は、3カ月間は通常の値段、4カ月目以降はその半額になる。3カ月目で使用量が半分になるので、1カ月○ドルという見せ方もできないのだ。実際には3カ月間は1日2錠、以降は1日1錠を服用することを勧めていた。確かに複雑でシンプルとは言えない。

私はコマーシャルが失敗に終わらないように2つのことをした。

1つ目は、私が一度説明したあとに、番組のホストにもう一度用量を確認し、用法を説明してもらったことだ。この分かりにくい内容に3分近く費やし、予期できる質問にすべて対処しようとした。

2つ目は、単純な提案だけに絞ったバージョンも別に撮ったことだ。

「ミラセルは1箱25ドル、1箱は1カ月分です」

たったこれだけ。非常にシンプルで非常に分かりやすいメッセージだ。

もし、お客が2つ目のバージョンに反応し、複雑なほうの内容に反応しなかったら、最初の3カ月間は2箱のうち1箱を当社負担で提供しなければいけないと覚悟していた。

案の定、テストの結果、成功したのはシンプルなほうだった。

複雑なバージョンよりも反響はかなり大きかった。結局、膨大な量の商品を無償で配らなければならなくなったが、それも商品紹介をシンプルにし、番組自体もシンプルにするためだったのだ。

ダイレクト・レスポンス広告では、シンプルであることが命だ。

これは、人的販売においても同じことが言える。

オファーは常にシンプルであること。見込み客が顧客になって初めて、複雑な提案や商品紹介ができることを覚えておいてほしい。提案がシンプルであればあるほど、売れる可能性は高くなるのだ。

優秀なセールスパーソンとは、お客に何を買うべきかをシンプルに教えられる人だ。お客が選びやすいように選択肢を絞り込み、購入のプロセスも単純で手軽なものにする。それはセールスパーソンの大きな仕事なのだ。

セールスを簡単に行うには、お客があなたの提案を受け入れる以外に選択肢がないほど単純な提案をすることだ。

セールス全般での最大の問題は、私の知る限り、商品説明が必要以上に複雑になり過ぎたときに起こる。

商品や説明をシンプルにしてみてほしい。お客がペンを手に取り、書類に署名するだけで済むほどに買い物を簡単なものにしてみてほしい。

シンプルこそが販売成功への必勝ルートだ。

心理的トリガー21 単純明快さ

単純明快さは極めて重要で、提案が持つ複雑さの分だけ販売効率は下がる。提案をシンプルにするということは、ひと言で言えば、お客に代わって選択をしてあげること。

アクションステップ

・提案をシンプルにするために省けるものは何かを考えよう。
・最終的な提案は誰でも理解できるほど単純明快か、お客の選択を助けるためにできることはないかを考えよう。

心理的トリガー
22
合法的賄賂で成功する

あなたはボランティア団体から、小さなプレゼント付きのダイレクトメールを受け取ったことはないだろうか?

プレゼントは、たいていその団体のステッカーや美しい切手といった安い記念品が一般的だ。また、アンケートが入っていることもある。1ドル札か切手の貼られた返信用封筒が同封されている。

どちらの場合も、ちょっぴり罪悪感を覚えたはずだ。人から物をもらったら、お返ししないといけないような義理を感じてしまうからだ。つまり、寄付金を送ったり、アンケートに答えたりといったことを。

パブリシャーズ・クリアリング・ハウス・スウィープステークス(訳注・雑誌定期購読代理業の最大手で、販売促進のために運営する宝くじ)のダイレクトメールも、「罪悪感」を販売に利用しているダイレクト広告の一例だ。

この会社の賢いマーケティング・スタッフは、物を詰め込めば詰め込むほどダイレクトメールが捨てられる確率が低くなり、返信数が高くなることを知っている。

また「繰り返し」も罪悪感を生じさせる。同じ相手に、ダイレクトメールを何通も送り続けてみるといい。そのうち、受け取った人は返信しないと悪いと思うようになる。

繰り返しのテクニックを、私もスキーリフト・インターナショナルという会社のスキーリフトを売るときに使っていた。

私は毎週、ささやかな景品を付けてダイレクトメールを送っていた。あるメールにはスローガンの書かれたバッジを同封し、あるメールではデザインを工夫した。また別のメールでは、インボルブメント・デバイス（読み手を巻き込むために使う小道具）を使った。しばらくすると、ダイレクトメールを受け取った多くの人が、負い目を感じたのか返信してくれるようになった。早く返信しなかったことを詫《わ》びる人までいた。繰り返しと贈り物との組み合わせで「罪悪感」という心理的トリガーを引き出すことができたわけだ。

「罪悪感」で最もすばらしい例がある。

私の尾翼コレクションだ。フランクリン・ミント社からハンドメイドのクルミ材チェストが送られたとき、何が起こったか思い出してほしい（心理的トリガー18参照）

最初の尾翼1つで、あの高そうなチェストをもらったことに気が咎《とが》め、お礼のしるしにお返しをしなければいけないような気分になった、あれである。そのせいで尾翼を集め続けるなんて、常識人にあるまじき、最高に愚かしく、知性に欠けた、間抜けな行為に走らされてしまったのだ。私は頭が良いと自分で思っていたのに……。

どの例も「罪悪感」という心理的トリガーをうまく利用している。このトリガーは「ギブ・アンド・テイク」と呼ばれることもある。つまり、まず私が何かあげるから義理堅くお返ししてという発想だ。

では、販売にはどう活用すればいいのか?

簡単だ。お客に贈り物をして義理を感じさせればいいのだ。そうすれば、お客は何だか借りをしたような気になる。その「お返し」が、商品やサービスの注文だったりするわけだ。

人的販売ではどう活用すればいいのか?

これも簡単だ。お客にちょっとしたプレゼントやプレミアムグッズを渡す。そうすれば、お返しに買ってもいいという気持ちが強くなるはずだ。プレゼントはランチやディナーを奢《おご》るだけでもいい。

営業訪問するときにキャンディを持参するというのもよく使われる手だ。相手が興味を持ちそうな新聞記事を送るのでもいい。あるいは連絡を密に取るだけで、相手が義理を感じてしまうことだってある。

そうした行動が、ひいてはお客の罪悪感を強め、何らかのギブ・アンド・テイクにつながるのだ。

ウォルマートの仕入担当者が、自腹で食事代を払わない限り、仕入業者とランチやディナーに出かけることを禁じられているのもこのためだ。ウォルマートでは特定の業者に対して、バイヤーが罪悪感や義理を感じるのを避けるようにしている。

たとえクリスマスの時期であっても、従業員が贈り物を受け取ることを規則で禁止している企業も多い。取引き先には、その規則を知らせる文書が送られる。もし贈り物を受け取った事実が報告されると、贈り主は注意を受け、品物はチャリティのためにストックされる。

連邦議会でも倫理的規定が厳しくなっている。最近、元農務長官が300ドル相当のワインを受け取ったことが収賄《しゅうわい》と認められ、責任を問われた。

なかにはかなり太っ腹な贈り物もある。

政治の世界では、贈り物は日常茶飯事だ。それどころか、持ちつ持たれつが政治の潤滑油になっている。皮肉にも贈り物は合法だが、一定の範囲内に限ってという条件が付く。

それでも法律には抜け穴があり、特別な計らいのお返しに要人があからさまに大きな贈り物をすることもある。

だから、お客に賄賂《わいろ》だと思われないようにするには、常に道徳や倫理に照らして判断する必要がある。しかし、賄賂以外のもっと創造的な方法でお客に罪悪感やギブ・アンド・テイクの意識を持たせることもできる。お金のいっさいかからない方法だってあるのだ。

たとえば、インターネットから無料で手に入るものがある。ジョークを送ってくれるメルマガなどだ。

あなたがそこからジョークを選んで、お客に週に1つジョークを送れば1日を明るく過ごしてもらえるだろう。その場合、営業文句はなしで、簡単なジョークだけを毎週お客のメールアドレスへ送る。そうすれば、実質コストゼロでお客を喜ばすことができる。

お客が興味を持ちそうな記事をインターネットで送ることもできる。お客は最新情報を得られると同時に、あなたに気遣いやサポートに対して恩義を感じるはずだ。

自分のお客だけに向けた効果的なセールス・テクニックを使って、罪悪感を持たせることもできる。

一例を挙げよう。

以前、私はスーツケースが必要になり、シカゴエリアに展開していた百貨店チェーン、マーシャル・フィールズへ買いに行った。

旅行カバン売り場へ行きスーツケースを何点か吟味したところ、1つ気に入ったのが見つかった。そのカバンには、シワをほとんど作らずにスーツを収納できる特殊な機能が付いていたからだ。

店員が声を掛けてきたので、私は疑問に思っていたことを聞いてみた。

「スーツはどうやってここにしまうんですか?」

店員はスーツの入れ方を教えかけてこう言った。

「ああ、私が実際にやって見せるのが一番分かりやすいですね」

店員はそう言って床に膝をつき、スーツケースを開いて自分の着ていたジャケットを脱ぎ、たたんでしまうところまでやって見せてくれた。

私の質問に答えるために大変な手間を掛けてくれたので、私はその店員から買わなければいけないような気になった。店員の一手間のせいで、私の中に「罪悪感」が生まれたわけだ。

あなたもお客に罪悪感を植えつける方法をいろいろ考えてみるべきだ。この強力な心理的トリガーを潤滑油に使えば、買う側も好意的になり、今までと打って変わって売りやすくなることを実感できるはずだ。

心理的トリガー22　罪悪感

うまみを得ようとする人は、たいてい腹の底では「人に何かを与えれば、自動的にギブ・アンド・テイクの関係が生まれる」と考えている。これは罪悪感に基づくもので、相手はもらった以上のお返しをしてくれる。

アクションステップ

・あまりお金をかけずに見込み客に罪悪感やギブ・アンド・テイクの必要性を植えつけるには、何を送ったり、あげたりできるかを考えよう。
・お客が恩を感じ、買いたくなるようなすばらしいサービスを提供するにはどうしたらいいかを考えよう。

心理的トリガー23 几帳面は得をする

説明やコメントをするときは、具体的でなければならない。

なぜなら、具体的なほど信頼してもらえるからだ。

まず1つ例を挙げよう。私がこう言ったとする。

「全国の新しい歯科医さんは『キャップスナップ歯磨き』を採用し、推奨している」

これは典型的な宣伝文句、つまり、売らんがための大げさな言い回しにしか聞こえないはずだ。あまりにありきたりな表現なので、お客はこの言葉も、その先に説明することも全部割り引いて聞くに違いない。

しかし、もしこう言っていたらどうだろうか?

「新しい歯科医の92パーセントは『キャップスナップ歯磨き』を採用し、推奨している」

はるかに信憑性《しんぴょうせい》があるように聞こえるはずだ。

消費者の多くは、私たちが科学的調査を行い、実際に92パーセントの歯科医がこの歯磨きを使っていると思うだろう。

コメントが一般的過ぎると、それは誇大広告か、根拠のないただの宣伝文句と思われてしまう。いくらコメントが良くても、割り引かれて半信半疑に受け取られてしまう。

反対に、具体的事実をともなったコメントは、お客から非常に信憑性があるように受け取られる。もちろん、具体的事実が嘘偽りなく、正確でなければならないのは言うまでもない。

・・

以前、収集品を扱うバトラム・ギャラリーズという自分の会社の広告を書いていた。あるとき、私は広告と商品にかかっているコストを具体的に示した。我が社が儲けを度外視していることを具体的な数字を使ってはっきりと示したわけだ。それが功を奏して在庫を超える注文があった。私のねらい通りだった。

ブルー・ブロッカーのサングラスの情報コマーシャルでは、なぜ青い光が目に良くないのかを具体的に示した。青い光は、網膜上で焦点が合うほかの色と違い、網膜の手前で焦点が合う。だから、青い光をブロックすれば、網膜上で焦点を結ばない光線が遮断され、物がよりはっきりくっきり見えるようになるという内容だった。

内容が実に具体的だ。よって信憑性もある。

「ブルー・ブロッカーを掛ければ視界がもっとはっきりくっきりします」

これだけしか言わないよりも、はるかに効果的なのが分かるだろう。

たとえば、体の循環機能に関連した商品を説明するときは、「何メートルもの血管」ではなく、「390キロメートルの血管」という言い方ができる。足について言うならば、「足の裏には末端神経が集まっている」と言うのではなく、「足の裏には、7万2000の末端神経が集まっている」と言ったほうがいい。

一般的な曖昧《あいまい》な表現ではなく、事実を具体的に述べる。そうすればもっと信憑性が高くなり、信頼性も高まるのだ。

具体的であることには、もう1つメリットがある。

具体的なことを言えば、自社の商品に精通しているように聞こえる。商品について真剣に勉強し、知識を持っていることをお客にほのめかす。これも信用や信頼を築くものだ。

人は一般的に、広告に対して非常に用心深く、言っていることをほとんど信じていない。しかし、具体的な事実やデータを使って主張をすれば、メッセージははるかに信憑性を増し、信用されやすくなるのだ。

「具体性」という心理的トリガーを活かせば、もっと効果的なセールスができるはずだ。一般論ではなく具体論を、概算ではなく実際の数値を用いれば、セールスの信頼性は劇的に高まる。

具体的なコメントとデータで信頼性と信憑性を築くことを覚えておいてほしい。

心理的トリガー23 具体性

具体性のあるコピーは非常に信憑性が高い。ありきたりの宣伝文句では一般的過ぎて単なる賛美と簡単に片付けられてしまう。具体性を用いることによって、より魅力的で信頼性のある提案が可能になる。

アクションステップ

・コメントには具体性を持たせる。そのために、事実を調べてディテールを作ってみよう。

心理的トリガー24 軍事的策略　風船ガム編

香港の九龍《クーロン》地区は、市街でも刺激的で異国情緒あふれるエリアだ。

店先や人の群れ、さまざまな音や匂いも、九龍独特で魅力的なのだ。九龍にいるとアメリカがものすごく遠くに感じるのだ。


私は街のエネルギーを味わいながら歩いていた。ときどき店に立ち寄ったりしていると、突然、すぐ目の前に、取引き先のアメリカ人が歩道を歩いてくるのが見えた。

本当にびっくりした。

香港のようなまったく見知らぬ土地で知り合いに会うなんて、なんてことだ。その人とは、それまでさして親しくもなかったのに、急に親近感が湧いた。

彼を夕食に誘い、その日の晩に会う約束をした。結局のところ、それまで以上に彼は私に商品を売るようになった。

きっと、まったく見知らぬ環境で知り合いに会ったという意外性のために、相手への好感が増したのだろう。

「親近感」は、広告でも同じことが起こる。

雑誌を読んでいる人が、たまたまあなたの会社の広告に目をとめたとしよう。その広告は前に何度も見たことがあり、あなたの会社のロゴや会社名にも見覚えがある。すると、そこには親近感が存在するのだ。

読み手は、見知らぬ広告主たちに囲まれた環境で知り合いを見つける。あなたの会社は知らない存在ではない。身近な存在なのだ。

その結果、あなたの会社が売っているものに引かれる。ちょうど私が香港で取引き先の人に引かれたように。

宣伝を十分な回数行えば、あるいは名前が認知されている商品を売れば、同じように相手の関心を引くことができる。ブランドが非常に重要なのはそのためなのだ。なじみ深い購買環境が重要なのもそのためだ。

私が初めてテレビショッピングチャンネルのQVCに出演したとき、ブルー・ブロッカーのサングラスの全在庫が数分間のうちに完売した。このサングラスが、ドラッグストア・チェーンのウォルグリーンズで初めて小売店に並んだとき、数日間でまたたくまに売り切れた。

要するに店頭で売れたのは、ブルー・ブロッカーが事前によく知られていたからだ。お客が慣れ親しんでいる購買環境で売るたびに、ブランドネームに対する親近感と購買環境のなじみ深さとが相まって、即売り切れという状態が生じたわけだ。

「親しみ」や「親近感」という心理的トリガーには、「親」という文字が使われている。人は自分の親や家族といるときが一番居心地がいいのだ。安心感や信頼感が持てるし、隙《すき》を見せてもかまわない。つまり、親近感を抱くと隙だらけになるのだ。

ブランドが信用できるとお客は正しい買い物をしていると確信し、それはエスカレートしていく。

一般的に、広告主が犯す一番の過ちは、長い間使っていた広告キャンペーンを「自分たちが飽きたから」といって終わりにしてしまうことだ。

「フライ・ザ・フレンドリー・スカイ・オブ・ユナイテッド」や「You deserve a break today, at McDonald's（今日はマクドナルドでママの休日）」は、アメリカ人になじみ深い数あるキャンペーンのほんの1例に過ぎない。実際、コマーシャルに合わせて口ずさむ人も多い。

従来の広告では、大衆がコマーシャルに飽きるよりもかなり前に、クライアントが飽きてやめてしまうことがあまりに多いのだ。

ダイレクト・マーケティングでは、コマーシャルのアプローチをやめたいからという理由でやめることはできない。市場がやめろと言うまで、つまり売上げが落ちるまで広告を打ち続ける。効果がなくなれば注文がこなくなるので、そのときにレスポンスを高めるための別の広告を打つ。

ダイレクト・マーケティングでは、逆に広告の効果が高まるまで改良や手直しを続けることもテクニックのうちだ。しかし、飽きたからといってキャンペーンを中止するようなことは絶対にあってはならないのだ。

消費者が苦労して稼いだお金を自分たちの商品やサービスに使わなくなったときに、やめるのだ。

さて、普通の広告代理店なら、こんなことを言ってくるだろう。

「今の広告のキャッチコピーについて私たちの消費者グループを調査したところ、もう飽きてきたという意見が多かったので、そろそろ引っ込めようと思いますが」

これは詭弁《きべん》だ。コマーシャルの本当の効果を測るには、売上げ実績を見れば良いのだ。

消費者グループは、自分たちがどう行動するかではなく、会社側が聴きたいと思っている答えを見越して答えるだけなのだ。

商品が売れていないときがキャンペーンを見直すときである。それでも、もしかしたら広告が悪いわけではなく、ライバルの影響など、マーケティングにおけるほかの要素に問題があるのかもしれないのだ。

また、ほとんどの人になじみ深く、潜在意識で感じている言葉もある。

たとえば、1から10までの数字で頭にぱっと浮かんだものを1つ挙げてもらうと、「7」という答えが返ってくる確率が高い。

なぜかは分からないが、「7」という数字がほかの数字より選ばれることが多いのは事実だ。しかも、2位を大きく引き離している。

「人間関係を良くする7つの方法」や「成功を導く7つの精神」のように、本のタイトルに数字の「7」がよく使われるが、これも1～10までの中で一番よく使われる、親しみのある数字を利用していることになる。本に親近感を持たせ、読者の共感を得ようとしているのだ。

頭にぱっと浮かぶ色を聞くと、ほとんどの人が「赤」と答える。家具について聞けば、「椅子」と答えるはずだ。読み手に共通に親近感を与えるさりげない言葉というのが存在するのだ。

お客にとって、「セール」や「無料」はインパクトの強い言葉だ。

これほどストレートではない言葉でもいい。あなたの商品にぴったりはまり、商品を心から愛しているあなただからこそ本能的に知っている言葉があるはずだ。

セールスにおいて、「親近感」という心理的トリガーの効果をどう活用できるだろうか?

まずは、あなたの商品をお客にとってもっと親しみやすい存在にさせることだ。

私が電卓を販売していた頃に、私の会社を訪れていた保険外交員(彼のことは「心理的トリガー2」で触れた)を覚えているだろうか?

彼は定期的に訪れ、私となじみになった。そして保険に加入するときがやってきたときには、彼に十分親しみを感じていたからこそ、私は彼の客になったのだ。

私は不動産屋からしょっちゅう売り込みをかけられる。ダイレクトメールを繰り返し送ってくるのが、一番なじみ深い連中だ。

事実、自分の家を売ることになったときに選んだのは、ダイレクトメールの頻度に比例して最もなじみ深かった不動産屋だった。

政治家が自分の選挙区に名前を広めるのも同じ理由による。互いの政策に突出した違いがなければ、たいてい認知度の広さが当選する確率を高める。

「親近感」の威力を示すもう1つの例がある。

私が陸軍にいたときの経験だ。

私は、フランクフルト駐留の軍諜報機関でかなり融通のきく仕事に就いていた。私服を着用し、任務の遂行も好き勝手にできた。

ところがある日、私は大とちりをしてしまった。一時アメリカに帰るためにドイツを離れたのだが、上官には10日間の休暇としか言っていなかった。

戻って来ると、すでに自分の籍がなかった。必要な書類をきちんと提出しなかったため、不在中は無許可離隊と見なされてしまったのだ。

私はドイツのオーバーウルゼルという郊外の遠い町にあるキング基地の小さな軍諜報機関に左遷された。軍服を余儀なくされ、出掛けられる場所も限られてしまった。

その後の数週間、私は司令官の目を引くためにありとあらゆる手をつくした。司令官は基地で職務を与えられるのを待つ兵士らがよく懇願に行く相手だ。

当時の私の任務は、将校たち全員が通る持ち場の警備だった。私は通りにある掲示板にユーモアたっぷりのニュースレターを貼った。警備に立っている間に自分でタイプしたものだ。すると、私のニュースレターを将校たちが朝一番に読むようになった。毎朝笑ってくれたのだ。

当然、私は誰が書いたのか、はっきり分かるようにしていた。

その後、将校の子どもたちが通学途中に私の部隊の横を通ることに気づいた。そこで、風船ガムの入った大箱を用意した。子どもたちが通ったときに「おいで」と手招きし、風船ガムを配りながらこう注意した。

「風船ガムをあげよう。でも、シュガーマンさんからもらったなんて誰にも言っちゃダメだよ。シュガーマンさんだよ。いいかい、シュガーマンさんからガムをもらったんじゃないからね」

私はガム配りも毎日続けた。

ニュースレターと風船ガム作戦を始めてしばらくしないうちに、私はもっといい仕事に就くことができた。

なぜ自分を選んだのか聞いてみると、司令官からこんな答えが返ってきた。

「このいいポジションを誰にあげようかと考えていたら、君の名前がふと頭をよぎったんだよ」

人は自分の知っている相手から物を買う傾向がある。セールスパーソンとしては「親近感」という心理的トリガーを認識し、お客が自分の商品やサービスを安心して買えるようにすることが重要だ。

だから、自分の名前を常にお客の目に触れさせるほうがいい。

なじみのあるブランドネーム。

何度も登場してよく知られるようになったロゴ。

誰のものだか直感的に理解されているキャッチコピー。

人々が口をそろえて言えるなじみ深いフレーズや言葉。

これらがいかに重要か理解しておくことだ。

どれも、あなたとあなたのお客を「親近感」でつなぐ接点となるのだ。

心理的トリガー24　親近感

人はブランドネームや商品、または商品を販売している会社になじみがあれば買う可能性が高くなる。お客があなたの商品ブランドや会社になじみがあればあるほど、あなたの言うことを受け入れて買おうという気になる。

アクションステップ

・宣伝を繰り返したり認知度の高いデザインを使うなどして、お客にとってなじみ深い会社にしよう。

心理的トリガー25

初対面でベッドイン

セールスマンシップについて私がまず学んだのは、「販売環境を整える」ということだった。

職場が画廊だろうが、カーディーラーのショールームだろうが、セールスがしやすいように「モノ」を整理することは重要なのだ。

あなたは自分の環境に見込み客を連れ込み、セールスを始める準備ができたとしよう。その後の手順は、お客をこちらに注目させて自己紹介する。そして、何かお客の関心をつなぎ止め、同意させるようなことを言うのだ。

この手順には2つ目的がある。1つは、お客に好感を持たれ信用されること。当然お客には、商品に詳しいと思われなければならない。

もう1つの目的は、セールスパーソンとしては、何とかしてあなたの商品をお客のニーズと結びつける必要があるということだ。

これは当然だ。買い手と売り手の間に調和《ハーモニー》がなかったら、どんなに説得力のあるセールス・メッセージも伝わらないからだ。

・・・・・・・・・・・・・・・・・・・・・・・・・・・・・・・

通販広告では、この調和を作り出す方法がいろいろある。第1に読み手に「はい」と言わせること。第2に正直で信頼できるコメントをすることだ。

1対1の販売でよくある状況を考えてみよう。

ジョー・カープッシャー《車の押し売り》という名の自動車のセールスマンがいたとする。

「いいお天気ですね、ジョーンズさん」

とジョーが言う。するとジョーンズ氏が答える。

「まったくだ」（本当にいい天気で、コメントに嘘はない。ジョーはお客が肯定してくれたのを見て「うん、うん」とうなずいている）

「ジョーンズさんは、車をとてもきれいにされていますね」とジョー。

「もちろん」とジョーンズ氏（今回、ジョーはジョーンズ氏に肯定させると同時に、頭を縦に振らせている。しかも、お世辞を言って喜ばせている）。

「ジョーンズさん、今ポンティアックをお持ちですし、うちでもポンティアックを販売していますから、新しいモデルに乗っていただくのも良いですね」

とジョーが言うと、ジョーンズ氏の答えは、

「そうだねえ」(ジョーはややあからさまな質問をしたのに、ジョーンズ氏がうなずきながら肯定したのを見て、ジョーもうなずく)

「お持ちのモデルを改良した最新モデルをお見せしましょうか？　それとも、あまり手を加えていないモデルをご覧になりますか？」

こうジョーが尋ねると、ジョーンズ氏は、

「最新モデルのほうがいいね」と答える(ジョーはまたしても販売プロセスを前進させる前向きな返事をもらう。調和が持続している)。

このように、お客が肯定的に頭を縦に振り、自分に同意するように仕向けることだ。最低でも嘘のないコメントをして、お客が疑うことなく同意できるようにする。

自分の言ったことをお客が否定しないように気をつけなければいけない。

たとえば、もしジョーが、

「新型のポンティアックなんかいかがです？」

と言って、お客がノーと答えたら、その時点でセールスは悪い方向へ進み調和が失われたはずだ。

もしも印刷広告だったら、お客は読むのをやめページをめくってしまうという行為になる。印刷広告では、読み手が「違う」とか、「言っていることが信用できない」とか、「自分には関係ない」などと思った瞬間に、お客を逃したことになる。

一方、読み手が「そう、そう」と言い続け、書かれていることを正しいと信じて興味を持ち続ける限り、お客との調和は保たれている。つまり、お客と肩を並べた状態で、セールス・メッセージの成就に向かって進んでいるのだ。

・・・・・・・・・・・・・・・・・・・・・・・・・・・・・・・・・

人的販売でもまったく同じだ。

ただし、人的販売ではほかにもいくつか感覚的な側面が浮かび上がってくる。まずは、お客に同意をうながし、首を縦に振ってもらわなければならない。

このプロセスに役立つフレーズがダイレクト・セールスにある。相手が肯定できるコメントの末尾を、肯定をうながす質問形にするというテクニックだ。私は「うなずきタグ」と呼んでいる。

たとえば、前の例で分かるように、それぞれのフレーズには、お客から「はい」という返事を引き出す質問形で終わっている。

「でしょう？」「ですよね？」「ではありませんか？」などの「うなずきタグ」で終わるフレーズは、「はい」の返事を得やすい。

単に、「いい天気だ」と言っていたら、「はい」の返事はもらえなかったかもしれない。「ですね」というタグをつけて「いいお天気ですね？」というフレーズにすることで、肯定的な返事をうながしている（嘘はなく、本当に天気のいい日ならば）。

しかし、１つだけ注意が必要だ。

「うなずきタグ」は使い過ぎに陥りやすいという点だ。

使い過ぎは、お客からセールス特有の口のうまさと受け取られかねない。とくにこういったタグを聞き慣れた賢いお客には、口車に乗せようとしていると思われ気分を損ねることもある。

ただ対面販売では、たいてい「うなずきタグ」を使うと「はい」の返事をもらう確率が高まり効果的だ。

さて、次に考えるべきことは、お客に好感を持ってもらうことだ。

印刷広告ではセールスパーソンの姿は見えないので、あくまでもそこに書かれた言葉および広告のレイアウトや会社の評判が、役目のすべてを果たさなければならない。とはいえ、印刷広告で大事な原則の多くが、人的販売でもお客に好かれることに役立つ。

たとえば、正直さ、誠実さ、信頼性など。

印刷広告ではどれも重要だが、人的販売ではそれ以上に重要なはずだ。お世辞だって役に立つだろう。信じられるお世辞でなければダメだが、お世辞を言われたお客は、言われるたびにほんの少しずつ好感を持ってくれるようになるかもしれない。そうして徐々にクロージングに近づくわけだ。

基本的に、きちんとした身なりをすることも重要だ。

といっても、スーツにネクタイということではなく、お客の服装に合わせるという意味だ。最低限、派手過ぎずカジュアル過ぎない服装にすること。

もう1つ重要なのは、言葉の使い方である。

お客には、あなたの言っていることを理解し、同意してもらう必要がある。それなのに、お客が理解できない言葉や自分には無関係だと感じる言葉を使ったら、お客との距離は近づくどころかどんどん離れてしまう。

このルールの唯一の例外は、「心理的トリガー14」に書いたように、ある分野に対して自分が持っている専門能力や専門知識を表し、信頼性を高めるために用いる言葉だけだ。

お客にコーヒーを出したら自分も飲んだほうがいい。今や2人は同時にうなずきながら、何となく似たような服装をして、同じ飲み物を飲んでいる。

こうしたテクニックは、私が「パターンニング」と呼んでいるものだ。お客の行動を鏡で映したように同じ行動を取ることをいう。

パターンニングによって、2人はさらに一定レベルの同意に達する。お互いを肯定する返事やうなずくというボディランゲージを通じて。

合間にお世辞をはさみ、敬意と正直さを忘れずに誠実な対応をするのだ。成功を導く完璧な公式だ。

パターンニングやお客と同じ行動を取るミラーリングは、タントラと呼ばれる古代の性慣習にも使われている。

男性と女性は向き合って座り、目と目を完全に合わせる。そして、互いの呼吸のリズムをぴったり合わせる。この単純な行為を通して男女は心を開き、言葉のコミュニケーションや性行為に向けて心の準備ができるのだ。

セールスでは、お客のあらゆる面に自分を合わせ、好感度を高めることが重要だ。お互いが潜在意識レベルで心を開き、お客が売り込みを受け入れやすいようにする。お客をミラーリングすることは、購入を決めさせるうえで大いに役立つのだ。

またパターンニングは、セールスパーソンが効果的な販売テクニックをパターン化して採り入れるのにも役立つ。

たとえば、私が自動車セールスマンだったら、自動車販売で大成功したほかのセールスマンの行動やテクニックを手本にする。この例に関して言えば、ジョー・ジラードのセールスマンシップに関する本を手に入れて勉強する。

彼は、アメリカのトップカーセールスマンの1人で、そのずば抜けた年間販売成績から、世界一のカーセールスマンとしてギネスブックに載った人でもある。1年の間に個人客相手に1400台も販売するなんて、想像できるだろうか？

印刷広告においても同じことだ。

私はセミナーで、自分と似た商品を扱っている人がどんな方式で売っているかを採り出し、実証済みの方式を手本に自分の売り方を決めるようアドバイスをしている。もちろん、すでに確立している広告フォーマットを盗用したり、似すぎたものを作らないよう注意し、一歩進めて自分なりのひねりを加えることは当然だ。

パターンニングは、誰でも赤ん坊のときからやっているのだ。あなたもそうして物事を覚えてきたはずだ。好きな相手や憧れの人をよく真似るだろう。マイケル・ジョーダンのおかげでナイキの靴が売れるのもそのためだ。

パターンニングは同意の1つの形なのだ。それこそセールスで求められる同意なのだ。自分の言動が完全にお客と調和していることを確認しながら、ゆっくりとセールスの最終段階まで進んでほしい。

お客には、「お買い上げいただけますか？」という最後の質問までずっと頭を縦に振り、「はい」と言い続けてもらいたいものだ。

心理的トリガー25 パターンニング

似たような商品を売った成功経験のある人々がいたら、彼らがどのような手を使ったのかを探り、自分の手本にしてみる。単に真似るのではなく、自分なりの新しい方法を開拓する。

アクションステップ

・あなたの業界で最も成功している人々を見つけ、どんなところが優れているのかを研究してみよう。
・彼らの手法を用いて、自分なりの独自のひねりを加えてみよう。

心理的トリガー
26
宝くじ大当たり

人は期待によって、大きく購買へと近づいていく。

たとえば、女性はシワが改善されるという期待をして新しいフェイスクリームを買う。熱心なゴルファーは、少しでもスコアを伸ばすために新しいゴルフボールを買う。

要するに、そこには商品やサービスで将来きっと良くなるという可能性があるだけだ。しかし、将来的利益は約束も保証もされていない。あくまでも夢であり、幻想であり、良くても可能性に過ぎない。

ラジオやパソコンなら、現実的な機能や用途が期待の代わりになるのか……。いや、ラジオにだって期待感はあるのだ。

買い手は、パソコンを手に入れたらいろいろな手間が省けることを期待している。ラジオを買うのも何かしら問題を解決するだろうという期待があるからだ。

期待感の持つパワーを知りたければ、ギャンブル産業を見ると分かる。

一目瞭然《りょうぜん》だ。何百万もの人々がラスベガスを訪れ、カジノにお金だけを残して帰るのだ。カジノビジネスは、まったくお金を印刷しているのと同じ。ギャンブル産業は人の期待で成り立っているのだ。

もっと極端な例がある。

「パワーボール」という宝くじがそれだ。最近では、2億9200万ドルという莫大な賞金が出た。当選確率は8000万分の1にもかかわらず、20州の消費者が宝くじを買うのに何時間も並んだのだ。

商品にも「期待感」によって、繰り返し買われるものがある。

その一例がビタミン剤だ。いったいビタミン剤で健康になったと感じる人なんているのだろうか?

実は存在するのだ。多くの人にインタビューすれば、そのうち何人かはビタミン剤は効果があると断言してくれるはずだ。そういう肯定的なコメントをビデオに撮り、スポットコマーシャルを作って、「ビタミン剤は効果がある」と言い切る人々の輝く顔を映せば、非常に説得力あるプレゼンテーションの出来上がりだ。

今度は、コメントをする人たちをテレビで見て「すごい」と思ったお客が商品を買い始め、その後も定期的に買い続ける。「自分にも効果があるはず」という期待のもとに……。

ここで大事なことは、具体的な約束をするのではなく、証言を通して効果を示すという点だ。

では、どうすれば期待感を人的販売に応用できるのか？

世の中には、「期待感」によって強力に売れてしまう商品というものがある。販売する商品の性質をよくよく観察して、使ったあとにどんな効果が期待できそうか、そのアピールポイントを見つけることが必要なのだ。

また、「期待感」という心理的トリガーは、さまざまなカテゴリーの商品で活用できる。健康食品産業全般がいい例だろう。ビタミン剤などのサプリメントもこの中に含まれる。ゴルフのスコアを良くしたい、新しい相手を見つけたい、シワを予防したい、恋人にいいところを見せたい……など、すべて「期待感」という心理的トリガーがあることに気づくだろう。

この類の商品の多くは、たいていマルチ商法で販売されてもいる。対面販売が達人技の域に達しているマルチ商法では、「期待感」はとても効き目のある道具なのだ。

しかし、期待感というのは、「こんなものにも？」と思うような商品に使われることもある。

たとえば、印刷業者が印刷機を買うときは、新しい機械が生産上の問題を解決してくれることを期待している。したがって売り込む際には、新しい機械がどのように印刷の問題を解決するかを見せればいい。そうすれば「期待感」によって、お客は欲しくなるのだ。

この場合、印刷機のスピードや1日に何ページ印刷できるかといった質問があれば、それには具体的に答えなければならない。しかし、あくまでそれはスペックの比較が目的の質問なので最速値を答えればいいだけなのだ。

もちろん、それは最速値であって、現実のスピードはまた違うということに気づくお客もいる。ところが、それでも最速値が出るといいなと期待してしまうものなのだ。

ただし、期待感を利用したセールスでは、注意点がある。

それは「信頼性」だ。信用できる人間、あるいは信用できる会社の中でも知識のある権威者だと認められれば、話す内容を信じてもらえる。

信じてもらえれば、ほかのお客の体験談も信憑性《しんぴょうせい》のある情報として信じてもらえるのだ。そして期待し、注文する気になるのだ。再注文だってあるだろう。

販売する商品が何であれ、あなたが信頼さえされていれば、簡単に期待感を感じさせることも可能なのだ。

そしてその「期待感」は、買いたくさせ、欲しくさせ、ついには買わせてしまうのだ。

心理的トリガー 26 期待感

あなたの商品に何かを期待させる力があれば、お客に買わせる非常に強い動機付けになる。お客がやりたい、なりたい、持ちたいと思うあらゆることは、すべて期待という力によって生じている。

アクションステップ

・あなたの商品に将来的利益があるという期待をお客が持つとしたら、どんなものがあり得るか考えよう。
・利益の保証はできないが、商品を買うだけで得られるかもしれない可能性を伝えよう。

心理的トリガー27 見知らぬ女性からのエロエロ誘惑

ダイレクト・マーケティングがこれほど活況を呈している一番の心理的要因を挙げるとしたら、それは「好奇心」ではないだろうか。

小売だと、お客は商品に触れ、感触を得てから購買を決めることができる。しかし、通信販売のお客にはそれができない。

ただ、どちらも商品が魅力的に感じるときがある。その理由は、人に「好奇心」というものがあるからだ。カタログ商品を見たときなら、「どんな感じの商品なんだろう?」というのが一般的な感覚だ。

私がブルー・ブロッカー・サングラスをテレビ通販で販売したときは、「好奇心」という心理的トリガーをわざとあおりにあおった。

被験者(道行く普通の人々)にブルー・ブロッカーを掛けさせ、その反応をビデオに撮ったりした。なかにはすばらしいリアクションをした人もいて、こうした反応をテレビで紹介すると視聴者が興味を持ってくれた。

「あのサングラス、掛けたらどんなふうに見えるんだろう？　レンズがオレンジ色のサングラス……、掛けた人があんなに夢中になっている……」

サングラス越しにどう見えるかは、テレビカメラには映さなかった。そんなことをしたら、せっかく湧き上がった好奇心を台なしにしてしまうからだ。おそらくサングラスを使うメリットも正確には伝えられなかったはずだ（人間の脳はレンズを通して見た色の変化に順応するが、テレビカメラはしないため）。

私は逆に、レンズを通した視界を見せないことで人々の好奇心をあおったのだ。サングラスを通して見る唯一の方法は、注文することだった。そして、人々は実際に注文してきたのだ。ブルー・ブロッカーは、6年近く続いた一連のコマーシャルで８００万本近く売れ、10年間の販売数は「２０００万本」を超えた。

また、「好奇心」という心理的トリガーは、本やアイディアを売るときにも効果がある。本を読んだらこんなことが分かるということをほのめかし、お客をじらす。本を買わせる一番の動機付けが好奇心なのだ。同じくらい、悪評や著者の信憑性《しんぴょうせい》でも本は売れるが、好奇心にはかなわない。

また好奇心は、商品の感触を得ることができない通信販売では買ってもらう大きな要素だが、一方、対面販売ではその場の満足も大切になる。

したがって、ダイレクト・マーケッターの私としては、商品をその場で渡すことができるなら、対面販売の大きな特徴を採り入れたことになるわけだ。

逆に、もし私が対面販売を行い、「その場で満足を体感できる」という売り方ができるなら、それを徹底的にアピールするだろう。

即時の満足感がセールスにどう活かされるのか？

私の通信販売経験から、いくつか例を挙げながら説明しよう。

私は「好奇心」という心理的トリガーだけで商品を売った経験がある。

１９７３年には、電卓を写真も見せずに販売した。買わずにいられないほどの好奇心をそそることで電卓は何千台も売れた。もちろん価格は手頃だったし、商品自体もとても優れていた。しかし、商品も見せず、ブランド名さえ言わなかったのに売れてしまったのだ。

では、好奇心の力をあなたはどう使えばいいのか？

まず、アイディアなどの知的財産を売るときには、好奇心が最大のカギになることを覚えておいてほしい。好奇心がメインの販売ツールとなるのだ。

しかし、それ以外の多くの商品では、商品だってすべてを話さないほうがお客の好奇心をそそり、需要を喚起することもある。

あなたも説明のし過ぎや見せ過ぎが原因で、好奇心の力を活用し損ねたことがきっと何度もあるはずだ。

好奇心を利用するには、コピーの冒頭で知りたくなる話題に触れ、これについてはあとで説明しますと布石を打っておくのだ。要するに、最後まで読まないと分からないという仕掛けにしておくわけだ。

人的販売でも、あることをほのめかしておき、答えをセールスの終わりのほうで明かすというのが効果的だ。宝物は話の最後までお預けにしておく。その間、結末を待ちわびるお客の注意を引きつけておけるはずだ。この方法は、意外なほどお客をあなたの話に集中させ続ける効果があるのだ。

もう1つの例は、私が「好奇心の種」と呼ぶ、よく通信販売広告で使っている手だ。長い段落を読み終えた読者が次の段落も読みたくなるように、段落を思わせぶりな短い文章で締めることだ。

たとえば、「だが、それだけではない」とか、「しかし、これから話すことはもっとすごい」というような言葉を、段落の最後に入れるのだ。

つまり、各段落と次の段落との間に「潤滑油」を差し挟んで、広告文の最初から最後まで読み切らせるのだ。

セールスでも同じ方法を使って、お客をあなたのプレゼンテーションに集中させられる。お客が集中していなければ、話を聞いてくれているように見えても実際は上《うわ》の空で、旅行の予定や週末の野球のゲームのことを考えている可能性だってある。

たとえば、ドアノブの穴を開ける産業機械を販売するとしたら、私はこう言うだろう。

「今申し上げたことが大事だと思われたかもしれませんが、本当に大事なのはここからなんです」

このような好奇心の種をセールスの間中たっぷり（でもやり過ぎないように）振りまけば、セールスはさらに効果的になる。

印刷広告では、もっと理解してもらいたいときもある。広告を読む人に、できるだけ多くセールス・メッセージを理解してもらう必要がある。そんなときに効果的だ。

人的販売でも同じことだ。

一応は話を聞いてくれているからといって、お客はあなたのセールス・メッセージを理解してくれていると は限らない。だから、売り込んでいる間中ずっと「好奇心」という心理的トリガーを働かせ続けて、お客の理解度をグンとアップさせるのだ。

さらに、セールスの冒頭で、かなり好奇心をそそることができれば、セールスの最後まで、長い間お客の注意を向けさせておける。

好奇心の力は絶大だ。

お客に、いつもならしないようなことでもさせてしまう力があるのだ。

・・・・・・・・・・・・・・・・・・・・・・・・・・・・

ここにぴったりな例がある。

ある日、私の会社にジンジャーと名乗る女性から電話があった。なまめかしい声の若い女性だった。彼女はいきなり電話口でこう言った。

「シュガーマンさん、好きです」

私はちょっと面食らった。初めは悪趣味なイタズラ電話だと思った。

「それはどうも。私もあなたが好きですよ」

「いいえ、私は本気で言っているの。あなたの広告を5年も前から読んでいます。考え方も、それに至るプロセスも、創造的なところも、すべて大好きなんです。広告を読んであなたがどんな方か私にはよく分かっているわ。本当に信頼しているのよ。心から愛しているの……」

私は驚きつつも、彼女の言葉にうれしくなった。私の文章は、彼女に言われる前から人柄がにじみ出ていると言われていたし、自分でもそう思っていたからだ。

不正直な人の文章は、読み手にもそれが伝わる。自分が紹介している商品に関して何か隠し事をしていたらおのずと分かるものだ。

創造性豊かな人の文章は、人が見てもやはりそう感じる。広告とはこうしたさまざまな印象が組み合わさって成果が決まるのだ。

他人が書いたダイレクト・マーケティングの文章を見ると、書き手がどんな人かを読み取ることもできる。コピーには書き手の人柄が驚くほど反映されているのだ。

たとえば、大企業のＣＥＯ（最高経営責任者）に雇われているコピーライターは、自分よりもＣＥＯの人柄を反映させようとするものなのだ。

私の場合、広告コピーはすべて自分で書いているから、見た人は私の人となりについては分かるだろう。

それはさておき、話をジンジャーに戻そう。

ジンジャーは、お世辞を言っただけなのか？　会ったこともないのに私に愛情を抱いたのだろうか？　私の文章を読んだだけで？

彼女はこう続けた。

「私を助けてくれるのはあなただけだと思います。あなたに助けてほしいんです。個人的にお目にかかりたいんですがアポを取らせていただけませんか？　会って良かったと思ってもらえるようにします」

そうして彼女がオフィスに現れたとき、会って良かったと思わせると言った彼女の真意がやっと分かった。美しいブロンド髪で、すらっとした長い脚。ミニスカートの丈があまりに短く、座ってもらうのも気が引けるくらいだったのだ。

「シュガーマンさん。ジョーと呼んでもいいですか」

「どうぞ。かまいませんよ」

私はそう答えながら、彼女が椅子に座り、スカートを直す姿から思わず目をそらした。

「ジョー、単刀直入にお話しします。私はずっと前からあなたのコピーをすばらしいと思っています。エレクトロニクスや電子小物には興味はないんですが、あなたの作る広告作品が本当に好きで、正直言って、あなたに対しても特別な気持ちがするんです。

ばかばかしいと思いますか？　でも、困ったことになった今、助けてもらえそうな人があなたしか思いつかなかったんです。本当なんです」

彼女は涙をこらえるかのように少し間を置き、また話し出した。

「私はショッピングセンターで化粧品店をやっています。ショッピングセンターがお客様でいっぱいのときは、何割かの人が来店して化粧品を買ってくれます。逆に、ショッピングセンターにお客様がいないときは、来店者が減ることも分かっています。だいたいショッピングセンターに来るお客様の数に比例しているんです。

そこでお店の化粧品を通信販売で売ることにしたんです。来店数がセンターの来客数に比例するのだから、ダイレクトメールを5万通送ったら、そのうちの何割かはレスポンスをくれるはずだから儲かると思ったんです。反応率が0・5パーセントあるだけで、そこの利益が出るんですから。

私は5万通のために、持っていたお金をすべて注ぎ込みました。友人からも借りました。ところが、ダイレクトメールの反応があまりにひどく、信じられないくらいでした。だって、元が取れるはずの10分の1しか売上げがなかったんです。

私のダイレクトメールを見て、どこが悪かったのかあなたに教えてもらえたらそれでいいんです。そしてどうしたらうまくいくのか教えてくださったら、本当にありがた……」

彼女は私の手助けが欲しくて口説いたのだろうか？　彼女の話はすべて次に送るダイレ

クトメールを私に書かせるための策略だろうか？　それとも書かせるための罪悪感からきているのだろうか？

私は妻と2人の子を持つ幸せな夫だ。しかも、自分の会社の仕事で多忙を極めていた。だいたい、色気を使って私の気を引き、コピーを書かせたりダイレクトメールを考えさせようという魂胆が気に入らない。

それでも幾分自分を抑えながらこう言った。

「そのダイレクトメールを見せてください」

ジンジャーはバッグに手を伸ばした。バッグは床の上にあったので、手を伸ばすと脚がさらに露《あらわ》になった。彼女が私を誘惑するつもりで来ていたのは確かだった。

疑う余地はない。彼女は間違いなく私の気を引いてコピーを書かせるつもりだ。彼女はどこまでやるつもりなんだろう。

それは、まもなく分かった。

彼女はダイレクトメールを取り出して私に手渡した。私はしばらくそれを眺め、コピーを読み、パッケージ全体をよく吟味した。そして、彼女にどんな顧客リストを使っているか聞いてみた。

「お店がカバーしている全エリアです」

と彼女は言った。

ダイレクトメールには数々の問題があった。通販目的のダイレクトメールなのに、彼女が送った顧客リストは、通販を利用しなくても来店すれば買えるくらい近隣の住民に郵送していたのだ。

それは大きな間違いだ。

うまくいくはずがない。ダイレクトメールの文章もお粗末だ。見た目は悪くないが、ダイレクトメールを成功させるための原則をことごとく破っている。

私は、販促物の完成度が低すぎることと、効果がなくて当たり前であることを伝えた。彼女のコピーでは、最後まで読まれない限りほぼ失敗する。これでは何通出そうが関係ない。顧客リストの作り方も間違っていた。うまくいくはずがないのだ。

私はジンジャーにダイレクトメールと顧客リストの問題点について説明したあと、ダイレクト・レスポンス広告で非常に重要な点をもう1つ指摘した。

「そんな大金をテストもせずに使うのは間違っています。それも問題なのです。送った数が多過ぎです。5万通ではなく5000通に絞るべきでしたね。そうすれば、あまり金銭的なリスクを負わずにダイレクトメールの成否が分かったはずです」

私が話し終えると、短い沈黙があった。彼女は私の目をまっすぐ見て言った。

「助けてもらえます？　というか具体的に手を貸してもらえませんか？　ダイレクトメールのコピーを考えたり、リストを絞り込んだり、私に個人レッスンをしてもらえませんか？」

ジンジャーが色気や罪悪感を利用して手伝わせようとしていることに私は少し腹を立てていたので、こう答えた。

「あいにく時間がまったく取れないんですよ。しかも私は、ここウィスコンシン州北部の森でセミナーを開設して20人以上のグループを相手に教えいるんです。個人の方をお手伝いする時間はないんです」

このあと、ジンジャーが囁《ささや》いた言葉を聞いて私は愕然《がくぜん》とし、言葉を失ってしまった。言葉を失うほどのことは、人生でそうあるものじゃない。

・・・

だが待てよ。この本は心理的トリガーについての本だよね。化粧品店の美人店主に夢を叶えてほしいと迫られたマーケティング業界社長の隠された日常生活についての本ではない。長々と続きを語っている場合じゃないよな。

「えっ、それはないよ」と思っている？

「終わりまで話せ！　いいところで終わるなよ！」って？

分かった、分かった。ジンジャーとの続きをお教えしましょう。

でもここでは教えない。話が脱線しては困る。

今は、販売についての私の考えや心理的トリガーがどう販売達成に役立つかというテーマに集中してもらいたい。だから、２６８ページに続きを書いておいた。

私のオフィスで実際に起こり、官能小説のネタになりそうなエピソードの続きはそちらで楽しんでほしい。

話を「好奇心」に戻そう。

「好奇心」という心理的トリガーについて、そのセールスでの活用法が理解できたら、ぜひこのトリガーを記憶に残るプレゼンテーションを実現してほしい。

セールスパーソンは何でも説明し過ぎる嫌いがある。好奇心を持つ隙《すき》さえも与えない。

だから、適度なバランス、好奇心の種、セールスの最後に明かす何かが必要なのだ。

「好奇心」という非常に強力なトリガーを使えば、お客はふだんはしないことも必ずしてくれる。

今よりも大きな買い物もきっとしてくれるだろう。

心理的トリガー27 好奇心

セールスの冒頭で読み手や視聴者を広告メッセージに釘付けにするために活用する。お客が最後まで興味を持ち続け、参加し続けるようにする。

アクションステップ

・セールスの導入部で「好奇心の種」を使い、あとで種明かしをすることを約束して、お客に注意を払い続けさせよう。

心理的トリガー
28
お風呂に入ってバス

私がセミナーで教えていた重要な教訓の1つに、50年代に活躍した人気歌手、ボビー・ダーリンに教わったものがある。

ボビー・ダーリンがどのように有名になったかというストーリーにまつわる教訓だ。

ボビー・ダーリンは若い頃からニューヨークで歌手として活動していた。しかし、なかなか音楽ビジネスでは、レコード会社の目にとまることさえない日々だった。レコード会社をいくつも訪ねては、昔のポピュラーソングを自分のヴォーカルでアルバムにして出してほしいと説得して回った。

彼は断られ続けた。第1に無名の若手歌手が歌う古いポップスがヒットするとは誰も思わなかった。第2に当時は、黒人アーティストが歌うモータウン・サウンドと呼ばれる古き良きロックンロールがはやっていたからだった。

ボビー・ダーリンは業を煮やし、ついに行動を起こした。

何を？　彼は自費アルバムを制作したのだろうか？

答えはノー。ハズレだ。

では、レコード会社を説得して作らせたのか？

そう、アタリだ。ただ、普通ならやらない方法を取ったのだ。彼はポップスを出すのをやめた。当時に流行していた音楽に沿って曲を書いたに過ぎなかった。

曲のタイトルは、「Splish Splash（バシャバシャ）」。

歌詞も、「バシャバシャ、俺は風呂に入っていた。土曜の夜に……」と始まっていた。

つまり、自分がお風呂に入っていたときのことを歌った歌だった。

ボビー・ダーリンの曲は、古き良きモータウン・ロックだったためレコード会社に簡単に売り込むことができた。そして、彼のリードヴォーカルで録音された「Splish Splash」は何百万枚という大ヒットとなった。レコードを聴くと、モータウンの黒人アーティストが歌っているようにさえ聞こえた。

ダーリンは、当時の流行を理解し、完全な流行に沿うものを作ったのだ。自分が歌いたい音楽からはかけ離れていたにもかかわらず。

つまり、望みやエゴや目標は脇に置き、売れるレコードを作るという現実的な選択をしたのだ。目的は知名度を得るためだった。自分が本当に作りたい曲を作るためには、それが必要不可欠だったのだ。

レコードがヒットし、ミリオンセラーになってもまだ、レコード会社はボビーのポップアルバムを作ってくれそうになかった。

そこで彼は、「Splish Splash」の成功で儲けたお金をすべて投じ、自分でアルバムを制作した。収録したヒット曲の中には、「マック・ザ・ナイフ」という古い歌があった。これが大当たり。アルバムは大ヒットしたばかりでなく、シングル版の「マック・ザ・ナイフ」が世界中でマルチミリオンセラーになったのだ。

こうしてボビー・ダーリンは、「Splish Splash」ではなく、彼がこよなく愛したポップ・ジャズ・オールディーズで知られ続けるようになったのだ。

・・・・・・・・・・・・・・・・・・・・・・・・・・・・・・・・・・・・・・・

ボビー・ダーリンの話から学べる教訓はたくさんあるのだ。

1つは、目的を達成するためには、成功しているモノ真似も大切だということ。成功した方法をお手本にして、市場に合わせることも大切なのだ。いったん名声を築いてしまえば、人とは違う自分のやりたいことがやりやすくなる。

つまり、まずは市場のニーズに応えて必要な資金を手に入れ、それから夢を追い求める。自分にとって必要な資金を稼いだら、何でも好きなことができるのだ。誰も可能とは思わないことだって追求できる。

メインストリームからかけ離れたコンセプトやアイディアを持って相談にやって来る人に対しては、私はボビー・ダーリンを引き合いに出し、ときには市場に迎合しなければならないと説得することにしている。

売るために、彼らの商品アイディアを少し歪めて見せる必要があったりするのだ。売れるようにするためには、部品を減らしたり、コストを下げたり、見せ方を一変させて分かりやすくするといったこともやむを得ないのだ。

ぴったりの例を挙げよう。

1973年のことだ。電卓メーカーのAPFが私のところへ新商品の売り込みにやって来た。新商品への入れ込みようと言ったら、自分たちがまるで電卓が発明されて以来の画期的なエレクトロニクス技術を開発したと思い込んでいるほどだった。

彼らは自信に満ちあふれていて、APF社長はテスト広告の費用を負担すると申し出たうえでこう言い切った。

「この商品は本当にすごいんです。だから何百万個と売れますよ！」

その頃、大きなディスプレー付きの電卓が、69ドル95セントほどで売られていた。1973年当時、電卓はまだ高かったので、69ドル95セントでもかなりお値打ちに見えたのだ。ＡＰＦは、それまで69ドル95セントで順調に販売していたが、今回は違った。なにせ最新の技術革新なのだ。今回の商品は私の会社のために用意した究極の電卓だ。正真正銘のエレクトロニクス革命（彼ら曰く）なのだ。

「何が革新的なんですか？」

私は尋ねた。社長は自ら特注の箱を開けて、まるで生まれたての赤ちゃんを見せるように試作品をゆっくり取り出してくれた。

そのモデル自体は、前年のものと同じだった。しかし、新しい機能が付加されていた。電卓が使われていない間、ディスプレーに時計が表示されるものだ。

「いかがです、99ドル95セントで販売するつもりなんですが……」

社長の目は輝いていた。

私は「それはないな」と思い、自分の考えを述べることにした。

消費者にとって電卓は仕事に使うまじめなツールで、必要なときに電源を入れ、使わないときはオフにするものだ。私は電卓をすでに2年近く販売しており、商品の感覚的魅力についてよく分かっているつもりだ。

ディスプレーに時計を表示し、電卓を常につけっぱなしにするのは消費者意識にマッチしないから売れない。値段を高くするのは間違っている。自分なら安くし、たとえば39ドル95セントくらいにして在庫をさばく。とにかく売れる気がしない。

「えっ?」

社長は信じられない様子だった。

「標準モデルよりコストがかかっていますし、こんなに革新的なんですよ。なぜわざわざ安く売る必要があるんですか?」

そこで私は、自分の言い分を証明するために広告を書くことにしたのだ。

「すばらしいコピーを書いて承認をいただきますよ。その広告を『ウォール・ストリート・ジャーナル』に掲載して反応を調べ、うまくいってから次の広告キャンペーンを考えましょうよ」

私がAPFに送った広告は大変気に入られた。

「これでダメだったら、電卓の商売から手を引きます」

と社長は言い、私は広告を掲載した。

結果は爆発的ヒットで、結局、翌年には私の言い分通り39ドル95セントで在庫がすべて処分できてしまった。

・・・・・・・・・・・・・・・・・・・・・・・・・・・・・・

商品やサービスが市場にマッチしていなければ市場は反応しない。商品がお客にマッチするかどうかは、お客の話に耳を傾け、目を向けているかどうかという単純な問題なのだ。天才である必要はない。優れた目と耳と少しばかりの直感があればいいのだ。

人的販売では、市場を理解し市場にマッチさせることの重要性を認識する必要がある。お客が商品やサービスに何を求めているかを見極め、その声に応えなければならない。それほど単純なことなのに、セールスパーソンはお客のニーズに応えるより売ることに必死になりがちなのだ。むしろ、市場やお客のニーズにマッチするよう常に商品やサービスを修正する心づもりでいなければならないのにだ。

商品がお客のニーズにマッチするか、ニーズを満たすことは重要なことだ。

今ミスマッチを起こしているのなら、あなたの仕事は、どうすればマッチするかを見極めることだ。それはたとえば、色を変更したり、付属品を変更したりすることかもしれない。

お客様は神様だ。目指すべきは、市場に受け入れられるかだけじゃない。目の前のお客の要望に適切に答えられるかどうかなのだ。

できないって？　じゃあ、家でお風呂にでも浸かっていたほうがいい。

心理的トリガー28　市場とのマッチング

お客やお客のニーズに合わせること。お客が必要としないアピールポイントをアピールしない。あなたの正確で信憑性《しんぴょうせい》のある言葉にお客を同意させ、首を縦に振ってもらう。

アクションステップ

・広告メッセージのひと言ひと言を吟味し、お客に同意されるか受け入れられることを確認しよう。

・「ノー」の答えを導きそうな文章は1つ残らず取り除くか、書き替えよう。

心理的トリガー29
フェロモン製造法

映画を観に行って、最初の数分間でエンディングが分かってしまったという経験が、あなたにもないだろうか？

あるいは、次の展開がどんどん読めてしまう映画はどうだろう？

答えが分かってしまう映画はたいてい見ていて面白くない。

逆に、最後の最後までハラハラドキドキさせ、思わずうなるような大どんでん返しで終わる映画は本当に面白い。つまり、先の見えてこない映画のほうが面白いのだ。

では、映画が面白いか面白くないかは、何が決め手なのだろうか？

私には、その答えについての持論がある。しかもそれは正しいはずだ。

「結論を出そうと考えさせられれば考えさせられるほど、結論に達したとき、より大きなうれしさや楽しさ、ドキドキ感を感じられる」

長年私のセミナーで教えてきた考え方だが、ある日、セミナーの参加者の1人が私の持論を裏付ける記事を持って来てくれた。

記事には、広告が失敗するのは、ある要素が欠けていることが原因だと書かれていた。その要素とは「脳全体に訴えかける力」である。

読み進めてみると、脳のさまざまな部分が異なる働きをしていることが科学によって急速に解明されているという。一部の脳研究者によると、脳全体が心地よい刺激を受けながら動いているとき、人間は最も快感を覚えるというのだ。

脳の4つの部分は、それぞれが「思考、直感、感覚、感情」を司《つかさど》っているという。同理論によると、「思考・直感・感覚・感情」を心地よく総動員させるような広告は成功することが多いし、感覚だけをとらえる広告は、一時的にしか人を引きつけないらしい。

今日行われる広告調査のほとんどは、広告が記憶されているかどうか測定できても、「全脳向け広告」に対する影響力を測ることはできていない。

全脳向け広告という考え方が、効果的な広告コピーを書くことにどうつながるか、あなたも考えてみてほしい。

広告コピーが分かりやす過ぎれば、読み手はバカにされていると感じたり、つまらないと感じるかもしれない。だから、広告文章には少しあやふやさを残すのだ。読み手が自分の思考、直感、感覚、感情を使って結論を出すように仕向けるのだ。そうすることで、売り手の都合はどんどん良くなる。

ではここで、私が書いたデジタル腕時計の広告を例に挙げよう。商品はアラーム付きクロノグラフ・デジタルウォッチだった。当時のセイコーは、このタイプの腕時計では業界スタンダードであり、最先端のテクノロジーを持っていた。

セイコーのアラーム付きクロノグラフは、販売価格300ドル。時計店は150ドルで仕入れています。時計店にもこの時計は人気です。それは、セイコーのブランド評価が高いからだけでなく、それがおそらくアメリカで一番売れている高級デジタルウォッチだからです。そしてセイコーのこの時計が品切れ状態で、セイコーから納品してもらえないお店もあるからなのです。

文章では直接に言っていないが、かなり明白に何かを伝えている。お気づきだろうか？それが見つけられるかどうか、もう一度読み直してほしい。

私が言わなかった部分は、時計店はセイコーの時計を売るたびにかなり儲けているという事実だ。しかし、わざわざ言うまでもなく、読み手は自分の思考、直感、感覚、感情を使って自力で結論を導き出せるようになっている。

もし、「だから時計店はかなり儲かっている」という露骨な一文を足していたら、効果的な広告にはならなかったはずだ。頭を少し働かせ、自らの思考プロセスを通じて結論に達することが必要だったのだ。

「考えさせる力」という心理的トリガーは、非常にさりげないが強力な考え方だ。

その違いは、お客を見下げたように話すのか、お客に直接話しかけているように感じさせるのかにある。しかし、非常に理解しにくい考え方でもある。

理解を深めるために思い出してほしいのだ。自分の人生の中で、苦労したからこそ大きな達成感が得られたときのことを思い出してみてほしいのである。

私が思い出すのは、自家用機操縦士免許を取得したあとに、計器飛行証明（訳注・有視界飛行とは異なり、計器の指示のみを頼りに飛行できる資格）を取得したときの苦労だ。飛行や勉強に何カ月も費やしたばかりか、費用も何千ドルもかかった。だから私にとって計器飛行証明を取得できたのは、人生最大の喜びの1つだった。

逆に、事業用免許の試験は簡単に受かった。

勉強も飛行もあまりせず、2、3週間で取得できたからだ。事業用操縦士になれたことはもちろん鼻が高かったが、計器飛行証明を取得した誇りには到底およばなかった。苦労して何かを成し遂げるのは、大きな自己満足につながるものなのだ。

脳や思考プロセスについても同じことが言える。

結論に向かって、あれこれ考えさせられるときほど、前向きで、楽しくて、刺激的な影響が脳に与えられるのだ。何も考えなくとも結論が簡単に導き出せると、逆のことが起こる。

セールスでも、難しいクライアントに売れたときは、最初の1分で買う楽なお客に売れたよりもうれしい。売るのがとても難しい商品が売れたときなんて、うれしさ１００倍だ。

しかし、本当に簡単で、ニーズがすでにあるような商品では、そんな満足感はない。

ヘミングウェイは、小説の中で美しい女性を描くとき、決して具体的に描写なんてしない。普通の言葉で、読者の想像で女性をイメージさせるのだ。

人的販売でも同じだ。

セールストークがあまり露骨だと、お客はバカにされた感じや退屈な感じがするのだ。

逆に、お客に考えさせて結論を出させるのだ。脳に刺激的な効果を与えるのだ。

頭に少し無理をさせるたびに、脳内で化学反応が起こり、超快感媚薬物質が分泌されるのだと思う。この反応のおかげで、お客が苦労して稼いだお金をあなたの商品やサービスに使ってもらっているのだ。

これを販売プロセスに当てはめると、どういうことになるのか？

販売にいたっては簡単だ。私たちは説明し過ぎる嫌いがある。お客が考える間もないくらいに説明し過ぎたり、種明かししてしまうのだ。

ちょっと難しく言ってしまおう。

「考えさせる力」という強力な心理的トリガーの力を認識しさえすれば、お客の脳に享楽的、刺激的な時間を経験させる効果的セールスが組み立てられるようになるはずだ。それには、用意した結論にお客自身が自らたどり着けるように仕向けてあげることだ。

頭を使えば使うほど、結論に達したときに、プラスの楽しさ、あるいは刺激的な経験となる。

それは媚薬を作るのと同じくらい簡単なことなのだ。

心理的トリガー29 考えさせる力

セールストークを分かりやすくし過ぎず、お客に頭を使わせることにより、結果的にあなたのメッセージに対する好印象を残すことができる。

アクションステップ

・お客に一から十まで説明し、慇懃《いんぎん》無礼ととられるような話し方は避けよう。
・お客の脳4つの領域（思考、直感、感覚、感情）をすべて刺激し、販売プロセスに巻き込もう。

心理的トリガー

30

販売における最大の力

広告や販売で一番影響力のあるもの、つまり最も重要な心理的トリガーを1つ選べと言われたら、私は「正直さ」を選ぶ。

セールスは正直な仕事であるべきだ。別に、不誠実だと儲からないと言うわけじゃない。もちろん、不誠実でも何回かは成功するが、いずれは足をすくわれる。

しかし、ここで私が議論したいのは、不誠実さは何回まで通用するかとか、不誠実なままやっていくことにどうするかということじゃない。私が今から話すのは、心理的トリガーとして、あるいは販売ツールとしての「正直さ」についてだ。

まずは、非常に重要な前提からスタートしよう。

消費者というのは非常に賢い。あなたが思っている以上に賢い。お客よりも賢い売り手なんていないのだ。

私のマーケティング経験や、35年間培ってきたすべての商売知識を持ってしても、冗談抜きで消費者はかなり鋭い。

経験から言って、消費者はちょっとしたコミュニケーションからも本当と嘘を見抜くのだ。私が広告で正直であればあるほど、その広告が効果的だったことからも明らかだ。広告コピーに嘘を書いても、だませるのは自分だけなのだ。

広告は伝えたいと思ったことを伝えてくれるが、隠したつもりのことも伝えてしまう。文章にさっと目を走らせるだけの相手にも、違和感だけは伝わるのだ。

ＪＳ＆Ａの広告を書くとき、私は商品の欠点をたくさん取り上げた。最初に欠点を指摘し、それが取るに足らない欠点である理由、それでもこの商品を買うべきである理由を説明した。

消費者は私のアプローチに非常に共感し、ＪＳ＆Ａのメッセージにも絶大な信用を寄せてくれて、私が提供する商品を熱心に買ってくれたのだ。

私の広告が正直で率直であればあるほど、消費者は好感を持って反応してくれたようなのだ。正直さは、広告について私が得た最高の教訓の１つだ。そのことに早めに気づいて良かったと思っている。

お客は本当に真実を求めている。だからといって、真実をでっち上げてはいけない。お客が嘘に気づけば、あるいは嘘っぽいと感じただけでも、信用は失われていくのだ。

私はお客に対して、常に正直なコミュニケーションを心がけるようになった。テレビの全国放送でも、印刷広告でも同じだ。私が正直であればあるほど、お客はそれに応えてくれたのだ。

対面販売では、すべての言動において正直であることが大切になる。

些細な嘘も、巧妙な嘘も許されない。大風呂敷を広げるのも要注意だ。嘘偽りのない正直なセールスを続けることが、この本で紹介したどの心理的トリガーよりも成功に役立つだろう。

まあ、確かに、なかにはジレンマを感じる人もいるかもしれない。

たとえば、人をだまして商売をしている不正直者の上司のもとで働いていればそうだろう。

でも、部下にも選択肢がある。会社を辞めるか、あるいは自分もだまし屋に染まるかだ。後者の場合、きっと最後は自分もだまされる。

正直な会社で働いている人は、すでに成功のチャンスがゴロゴロしているのだ。受け答えや説明が正直で、考え、言葉、行動に完全な一貫性があれば、真っすぐに成功に向かっていけるに違いない。

心理的トリガー 30 正直さ

すべての心理的トリガーの中で最も強力なものの1つ。嘘を隠そうとしてもお客が本当のことを感じ取ればセールスは台なしになる。いつでも本当のことを話すこと、無防備なまでに正直であることで、お客を味方にすることができる。

アクションステップ

・あなたのセールス・メッセージを見直し、言っていることがすべて本当かどうか確認してみよう。

エピローグ

すべてのツールはそろった!

あなたはたった今、私が長年のダイレクト・マーケティング人生で発見してきた最も重要な30の心理的トリガーと、人的販売への応用法について読み終えた。

30の心理的トリガーは強力だ。私はその1つ1つを証明できるし、その効果を実際に経験してきた。使いこなせば、びっくりするほど効果的に売上アップや年収アップをさせることができる。

30の心理的トリガーの力は、利用してこそあなたをパワーアップさせる強力な武器なのだ。だからこそ、今のあなたには行動を起こし、この知識を活かしてほしい。

トリガーの中には、あなたにとってとくに効果の高いものがあるだろう。最も重要だと思われるトリガーに10個ほど赤丸をつけ、集中的に活用してもいい。まずは10個の心理的トリガーを使う達人になり、自分の商品やサービスの販売に一番効果的な活用法を極めてほしい。

あるいは、心理的トリガーに1位から5位までランキングしてもいい。最初は1位のトリガーに専念し、それをマスターしたら2位のトリガーに移行していくというふうにしてもいい。

そのたびに、この本を参考書として何度も読み返してほしいのだ。

そして最後に、私が新しいことをするといつも言うことなのだが、ぜひともご意見ご感想をお聞かせ願いたい。本書を読んだおかげで大成功したという人がいれば、それも知らせてほしい。本書の改訂版を出す際には、あなたの事例がヒントになるかもしれないからだ。

この本は、楽しんで書くことができた。あなたにも楽しんで読んでいただけるとうれしい。

心理的トリガー27のその後

見知らぬ女性からのエロエロ誘惑

待ち切れなかった？

そのまま読み続けられなくて、すぐにこのページをめくった人もいるかもしれない。

ご覧の通りだ。あなたは完全に「好奇心」という心理的トリガーに引っかかった。

このトリガーは、お客にふだんならしないことをさせてしまうほど相手を引きつけるものでなければならないのだ。

あなたは今、私の話がただの作り話だとか、「好奇心」を説明するために卑怯な手を使っただけだと疑っているかもしれない。

どちらも違う。

話は正真正銘の実話だ。卑怯な手なんかじゃない。

しかし、人が苦労して稼いだお金を懐《ふところ》から取り出して、あなたの商品と交換しようとするなんて、何もなければあり得ないのだ。そこには並々ならぬ動機が必要なのだ。

その動機は、心をつかむセールスによって引き出すしかない。だから、催眠術さながらのセールスを行うことが必要なのだ。お客があなたの一語一句で完全に暗示にかかり、満足を好奇心が満たされるのを待つくらいに……。

さて、言うべきことを言った今、あなたを宙ぶらりんにしておくのは不公平だろう。何といっても、あなたは私の文章につられ、この本の最後の［心理的トリガー28、29、30］を読み飛ばすほど（ふだんはそんなことはしないはずだ）、あのドラマチックな瞬間、私のオフィスでジンジャーが言った言葉を知りたくてウズウズしているのだから……。

・・・・・・・・・・・・・・・・・・・・・・・・・・・・・・・

ジンジャーは囁《ささや》いた。

「あなただけに助けてもらいたいわ。私の先生として、このダイレクト・マーケティングのジャングルを導いてほしいの。どうしたら助ける気になってくれるか分からないけど、男性が喜ぶことなら知っているわ。人からは絶えず言い寄られていたけど、私のほうから大っぴらにお誘いするのはあなたが初めて。私が言おうとしているのは……」

「待ってください！」

私はストップをかけるように片手を挙げ、言葉を探した。

「相手を間違えていますよ。それ以上みっともないことはしないでください。言いたいことは分かりますが、それは無理です。何もしてあげられないのです。手いっぱいで外部のプロジェクトを受ける余裕がないんです。そうだ、セミナーに参加してください。ただで結構です。100万ドル儲けたらお支払いくだされればいい」

ジンジャーは帰って行った。たぶん少し恥ずかしくなったのだろう。そして二度と彼女から連絡はなかった。

彼女は自分の肉体をエサにすれば、私が代わりにコピーを書く気になると思ったのだろうが、本当に本気だったのだろうか？　今となってはもう知る術《すべ》もない。

その晩、家に帰って妻に今日はどうだったかと聞かれ、私はこう答えた。

「ああ、もう少しで誘惑されそうだったんだ。金髪美人が体で支払うから、広告コピーを書いてくれって言うんだよ……」

・・・・・・・・・・・・・・・・・・・・・・・・・・・・

実は好奇心の力は、この本の前半にも使った。［心理的トリガー3（愛とキャンパス売春婦）］で、売春婦のことをあとで話すと書いたのを覚えているだろうか？

あれは本を最後まで読ませるために用意した単純な仕掛けだ。あれから刺激的な展開が明かされるのをワクワクしながら待ち望んでいただろう。

あいにく、あの話の続きはない。「好奇心」の力を示す一例として使った、単純で見え透いたトリックだったのだ。

売春婦についてあとで触れるという一文を読んだとき、あなたはどう思っただろうか？「その後何が起こったか知るのが楽しみだ」と思ってくれただろうか？　まあ、これは見え透いた誘惑だ。

もっとすごい誘惑をお望みなら、私のセミナーに参加するしかないね。

リンキング	
帰属欲求	
収集欲求	
切迫感	
限定	
単純明快さ	
罪悪感	
具体性	
親近感	
パターンニング	
期待感	
好奇心	
市場とのマッチング	
考えさせる力	
正直さ	

【30の心理的トリガーをあなたの仕事に活かそう】

一貫性の原理	
適切なアピールポイント	
顧客の特徴	
欠点の告知	
抵抗感の克服	
巻き込みとオーナーシップ	
誠実さ	
物語（ストーリー）	
権威	
お買い得感	
感覚	
理屈による正当化	
強欲	
信頼性・信憑性	
満足の確約	

解説

31番目の心理的トリガー

監訳者　マーケティング・トルネード代表　佐藤昌弘

「今のあなたは、悪い人の顔になっていないか?」

マーケティングの本には、アイディアが次から次へとあふれてくるような良書が少なからずある。そして、そうした良書を読んでいる人の顔を横から見ていると、悪い人の顔になっていることが本当に多いのだ。

それだけ心の底から人を興奮させるということなのかもしれないが、「あの場面で使ってやろう」といった表情がありありと見て取れるから面白い。

さて、マーケッターとしての私の経験から言うと、『シュガーマンのマーケティング30の法則』ほど刺激的な本には、これまで出合ったためしがない。これは間違いなく良書である。ものすごく悪人顔になる本だ。

この本は読めば分かる通り、アイディアが読んでいるさなかでも、どんどん湧き出してくるのだ。

「なるほど、そうか! 私も○○○を使ってみよう」

というような、マーケティングやセールス上のヒラメキが、次々と起こるのである。

そして、試したくてウズウズするのだ。


マーケティングというのは、ビジネスの実践現場において、成功したか失敗したか、当たりかハズレかが数字で計測されやすい分野である。

「いくらお金をかけて、いくら儲かったか？」

と瞬時に測定されてしまうからである。

これは、結果の白黒がハッキリしているとも言えるし、極めて博打的《ばくちてき》な分野であるとも言える。どれだけ立派な御託《ごたく》を並べても、売れなければ戯言《ざれごと》なのだ。

言い換えれば、どれだけ高級な言葉を並べても、儲かっていなければ、それは間違いだというのがマーケティングの世界なのである。

そんな中、この本を読んでいると、いろいろなアイディアが湧いてきて、勝利の薫り、現金をつかんだイメージ、成功の雰囲気など、実践現場での甘い匂いがプンプンするのだ。

なぜだろうか？　ほかの本と何が違うのだろうか？

おそらく、小難しい理論ではなく、現場で即使えるような実践的な話が次々とイメージ豊かに語られているからだ。仕事のヒントがいたるところに隠されているからだろう。

今のあなたの顔を鏡で見てみるといい。

何か企みを含んだ、ニヤニヤした、おそらく「ハッ！」となるような悪人顔になっていることかもしれない……。

・・・・・・・・・・・・・・・・・・・・・・・・・・・・・・・・・・

さて、この『シュガーマンのマーケティング30の法則』は、主にお客の心理メカニズムについて書かれている。話をシンプルにするために、30の心理的トリガーに絞ってある。でも、人間というものは複雑である。つまりは、人間を語るに、たった30の法則で言い切ってしまえるほど単純ではないのだ。

しかしながら本書の目的は、人間を語りつくすものではない。ましてや人間を研究することでもない。マーケティングやセールスに成功することが真の目的であり、その意味では、挙げられている30の法則は極めて重要な30個であることは間違いない。

その証拠に、30の心理的トリガーを常に念頭に置いて仕事をするだけで、結果がケタ違いに変わってくるのだ。

「でもさ、アメリカ人がアメリカ人の客を相手にしたビジネスの実績や経験をもとに書いた本でしょう？　日本でも使えるのかい？」

こんな質問があってもおかしくはない。確かにアメリカ人と日本人の商慣習は違うからだ。価値観だって違う。文化背景だって違う。マクドナルドのドリンクのLサイズだって明らかに違うのだ。

しかし、そこには微妙な違いしかないと私は断言できる。

なぜならば、私が日本でコンサルタントとして応用してきた経験から、その効き目を実感してきたからだ。

ただし、商習慣の違いから、私は30の心理的トリガーにもう1つ、31個目の心理的トリガーを加えたい。せっかくシンプルに30のトリガーに整理してあるのを、複雑にしてしまうのは悪い気がするけれど、ご容赦いただきたい。

日本人だからこそ加えたいのが、「思いやる力」という心理的トリガーだ。

・・・・・・・・・・・・・・・・・・・・・・・・・・・

私が「思いやる力」を実感した出来事がある。

私のクライアントの1人である工務店経営者の塩田さんが相談に来た。

彼の工務店は住宅の注文建築を請け負っている地域密着型の建築会社だ。モデルハウスを所有し顧客に公開して集客をしている。

立地もそこそこ、駐車場もある。

モデルハウスも立派である。デザインもすばらしい。清潔。値段だってお値打ちだ。店員も笑顔。準備はOKだ。

しかし……、お客が来ないのである。

モデルハウスに魅力がないのか？

いや、彼の会社のモデルハウスは超魅力的で新しく、個性的だ。

価格が高過ぎる？

いいや、その設装からして割安だ。これで一坪当たり40万円台ならば、注文建築としてお値打ちな部類のはずだ。

実績や信用がないのでは？

いいや、彼は地元では有名な名士で、会社はホテルも経営し、数々のグループ会社を統轄する有力企業だ。彼の会社が信用できないとなると、ほかの地元の建築会社はほとんど信用ゼロである。

もし彼のような会社のモデルハウスが〝アメリカ〟にあったのなら、アメリカ人は買う買わないは別にして、何のためらいもなく足を運ぶことだろう。

しかし、日本ではそうはいかないのだ。

私は塩田さんに、日本人には、独特の論理性、合理性を超える配慮、仕掛けが必要だということを説明した。

その結果、彼の会社はモデルハウスに非常識な仕掛けを採り入れたのだ。

私は塩田さんに質問してみた。

「そうですね。まずは、自分が買い物をするお客になってみてください。たとえば車が欲しいけど、メーカーも車種も決まっていないとしましょう。そんなとき、営業マンからプレゼント付きのキャンペーンＤＭがきました。あなたは行きますか？」

「行かないですね。まずは欲しい車を検討します。気になったものがあれば、せいぜいカタログを取り寄せる程度です」

欲しい車も決まっていないのに、いきなり販売店を訪ねることは、ほとんどの日本人はしない。でもプレゼントがもらえるのだ。私は見るだけなら行ってみてもいいのではないかと訊いた。

「けれど、見に行くと営業マンの説明をうのみにしてしまいそうだし。ほかに欲しい車があるかもしれない。何よりも買わないと決めても、彼らはその後も営業に来ますしね。悪い気がして……」

そう言った瞬間、彼は驚きの表情を浮かべた。

送られてきたダイレクトメールは好感の持てるものだった。行けばプレゼントももらえる。店も清潔で、スタッフが笑顔で迎えてくれる。担当の営業マンの応対もすばらしい。プレゼンも完璧。さらに価格も勉強してくれる。

そう期待しても、やはり行かないのである。

こうした顧客心理に気づいた塩田さんはどうしたのか？

彼はなんと、住宅のモデルハウスに「雑貨屋」を併設してしまったのだ。

注文建築のビジネスをあきらめてしまったのか？

いやそうではない。バリバリの建築会社として実績も急上昇したのだ。

塩田さんの会社が成功したのには理由がある。

きっとアメリカであれば、雑貨屋なのかモデルハウスなのかハッキリとしたビジネスモデルが検討されるだろう。雑貨を売るなら雑貨部門で収益が出るかどうかが問題だとか、いろいろと分析、分解して考えるはずだ。

しかし、そんなふうに分析、分解しても、彼の成功の要因は出てこない。

あくまでも雑貨部門は、お客に言い訳を準備してあげただけの部門だからである。

言い訳？　そうだ。

あなたもモデルハウスに行こうと思うお客の立場になって考えてみるといい。

モデルハウスに足を踏み入れるということは、「私は住宅に興味があります」と建築会社に意思を伝えることでもある。モデルハウスに見に行くということは、売り込まれてしかるべき対象ですと業者に教えているのだ。

興味があるのに興味があると伝わって何が悪い？

そこが日本人なのである。

腹で思っていることをそのまま口に出す、行動に移すことを良しとしないところがあるのだ。

「私は別に住宅に興味があって見に来ているわけではありませんよ」

そういう立場でモデルハウスを見ることができるのなら、売り込まれる心配もないし、断らなくてもいい。白黒をハッキリさせないでそのまま帰ることもできる。

白黒をハッキリさせたくない状態のお客に対して、そうしなくてもよい環境を準備してあげられるのが、「思いやる力」だと私は思うのだ。

こまやかな心遣い、配慮、思いやったことを形にして示すことで、見事にヒットしてくれたのが「雑貨屋」だったのである。

心を汲む。思いやる。そこには「論理」よりもむしろ「情」のほうが有利に働く。優しさや思いやりは計測することができないのだ。

日本人ならではの面倒臭さだと言う人も多い。外国人には理解できない分からなさが、日本人が国際人になるのを妨げているのだと言う人もいる。

しかし、日本でセールス・マーケティングを成功させたいのであれば、この「思いやる力」という31番目の心理的トリガーを忘れてはならない。

日本人は言い訳や自己主張、断わることさえ下手だからこそ、それをしなくていい配慮としても「思いやる力」は大切だ。

テクニックで儲けることはできても、しょせんお金が増えたに過ぎない。お客に感謝されてお金を増やすためには、この「思いやる力」が必要になるのだ。

『シュガーマンのマーケティング30の法則』は、あなたを「影響力を与える人間」に変えることだろう。そして、さらなる成功は、テクニックだけでなく、あなたの31番目の心理的トリガーを上手に使いこなせるようになったときに生まれるだろう。

ぜひ、楽しみながら探してほしい。

訳者あとがき

メーカーに勤務していた頃、自分が企画開発に携わった商品を家電量販店などで店員に扮して販売したことがあった。「販売」のハの字も知らなかったが、商品知識と商品に対する思い入れだけは人一倍あった。それをそのままお客さんにぶつけていたから、空回りして終わったときもあったが、意外や意外、買ってくれた人も結構いた。

消費者は、機能の数を数えて商品を選ぶほど単純ではなかったが、かといって合理的でも決してなかった。ふとした瞬間に、あるいは些細なひと言で、風向きが変わる。そんなとき、お客さんとビビッとシンクロする。丸腰のにわか販売員には、それは偶然に過ぎなかったが、その一瞬が何とも快感だった。

今、改めて販売は心理戦であり情報戦だと感じる。ジョセフ・シュガーマンは、その戦いを偶然でなく制する術を、仮説と検証の繰り返しから導き出した。著者と同じダイレクト・マーケッターはもちろん、対面販売が専門の人にも、ネット販売や広告業界の人にも、得るものの多い納得の内容のはずだ。翻訳を売る訳者にも、さっそく使いたいと思っているトリガーがある。

この本は、多くのハウツー本と違い、著者が「物語《ストーリー》」と呼ぶエピソードや経験談が豊富で（それがメインと言ってもいい）、読み物として楽しく読める。

楽しめるだけでなく、物語のおかげで、読み終わったあとも、それぞれのトリガーがビジュアルな記憶として残る。それが、シュガーマン氏のコピーライター、セールスマンとしてのアプローチであり、最大の武器でもあると思うのだ。

もう1つ、本書が楽しく読める要因は、文章や手法がアグレッシブさを感じさせない、むしろ奥ゆかしささえ感じさせる、という点だろうか。これまたシュガーマンの技に違いないわけだが、トリガーとしても重きを置いている「誠実さ」や「正直さ」が、氏自身の人徳にも思えてくるから侮れない。

シュガーマン氏といえば、「ブルー・ブロッカー」サングラス。ちなみに、ブルー・ブロッカーは、（氏曰く）最近の調査によると、「レイバン」「オークレー」に次いで、アメリカで3番目に有名なサングラスである。

最後になるが、本書の翻訳にあたり多大なるご指導、ご協力をいただいた監訳者の佐藤昌弘さん、フォレスト出版編集部の稲川智士さんに、この場を借りて心より感謝申し上げる。

石原　薫

【著者紹介】

ジョセフ・シュガーマン（Joseph Sugarman）

シカゴ近郊出身。ＪＳ＆Ａグループ、ブルー・ブロッカー・コーポレーション、デルスター・パブリッシング会長。

マイアミ大学電気工学科に3年半在籍したのち、1962年に米陸軍に召集される。その後、ドイツに渡り、陸軍の諜報機関を経てＣＩＡに勤務する経歴を持つ。

1971年、マイクロエレクトロニクスに将来性を見出し、世界初の電卓を販売する通販会社ＪＳ＆Ａを設立。紙面全面を使った広告は、グラフィック要素をほとんど使わずにテキストだけで埋めるという、当時では斬新な手法で業界の注目を集めた。また、電話からのクレジットカードによる注文を受ける際にフリーダイヤル・サービス「800ナンバー」をアメリカで初めて使用。その後、ほかの多くの通販会社が同様の受注方法を導入する。1986年、販売の中心をエレクトロニクス商品から「ブルー・ブロッカー」ブランドのサングラスにシフトさせ、ダイレクトメール、通信販売広告、カタログ、テレビのインフォマーシャル番組、テレビショッピングチャンネル「ＱＶＣ」を通じて販売。ブルー・ブロッカー・サングラスは世界中の媒体を通じて、2000万本超が売れている。

彼の功績により、ダイレクト・マーケティング・マン・オブ・ザ・イヤーに選出（1979年）、業界最高峰のマクスウェル・サックハイム賞（1991年）も受賞している。


【監訳者紹介】

佐藤昌弘（さとう・まさひろ）

ダントツに成功するための実践法を伝授するマーケティング・コンサルタント。

京都大学工学部卒業後、大手都市ガス会社に就職。その後、脱サラして住宅リフォーム会社を始め、創業3年で年商3億円を超える急成長を遂げる。会社を売却して、2001年経営コンサルティング会社マーケティング・トルネードを設立。実践経験に裏打ちされた知識で言葉や文章を自由自在に操り、「言葉の魔術師」として短期間に多くの企業の業績をアップさせる。また、心理セラピー・認知心理学を研究し、大企業、中小企業を問わず、クライアントから「話しているだけで自分が変化していく」と好評。経営の核心を突くするどい指摘は経営者を本気にさせ、成功する会社が続出している。

主な著者に、『図解・非常識に儲ける人々が実践する成功ノート』（共著、三笠書房）、『凡人が最強営業マンに変わる魔法のセールストーク』（日本実業出版社）、『今日からお客様が倍増する売れる力学！』（ＫＫベストセラーズ）、『会社を成長させるために絶対に必要なこと』（フォレスト出版）などがある。

[ホームページアドレス] http://www.marketingtornadado.co.jp/

【訳者紹介】

石原薫（いしはら・かおる）

翻訳家。訳書にＪ・ジラード『私に売れないモノはない！』『世界一の「売る！」技術』（共に、フォレスト出版）、Ｍ・Ｆ・Ｒ・ケッツ・ド・ブリース『アレキサンダーに学ぶ100戦100勝の成功法則』（共訳、イーストプレス）、ケイト・スペード『スタイル』（ブックマン社）などがある。

シュガーマンのマーケティング30の法則
お客がモノを買ってしまう心理的トリガーとは

2006年3月17日　　初版発行
2019年7月8日　　18刷発行

著　者　ジョセフ・シュガーマン
監訳者　佐藤　昌弘
訳　者　石原　薫
発行者　太田　宏
発行所　フォレスト出版株式会社
〒162-0824 東京都新宿区揚場町2－18　白宝ビル5F
電話　03-5229-5750（営業）
03-5229-5757（編集）
URL　http://www.forestpub.co.jp

印刷・製本　日経印刷株式会社

ISBN978-4-89451-220-7　Printed in Japan

「あなたのビジネスを刺激する」フォレスト出版の好評本！

全世界で1400万部が売れ続けている
伝説の大ベストセラーシリーズの最新版！

必ず売れる！ゲリラ・マーケティング in30days

小資本の会社や個人事業が生き残るための、唯一にして最高のバイブルとしてMBAのプログラムでも必読文献とされている。一生使える「商売の本」である！

ジェイ・C・レビンソン著
ゲリラ・マーケティングジャパン監修
掛橋柚木訳
定価１５００円＋税

ギネス記録12年連続世界NO.1に学べ！

私に売れないモノはない！

世界No.１セールスマンが明かす
「必ず売れる」セールステクニック

３５歳まで４０以上の職業を転々とした挫折人生から世界一のセールスマンに変貌した経験をもとに、セールスのテクニックを分かりやすく紹介。実践者の声があなたのセールスを変える！

ジョー・ジラード著　石原薫訳
定価１５００円＋税

IBM、GM、ヤマハ、HP、GEなど有名企業が採用！

世界一の「売る！」技術

世界NO.1セールスマンが明かす
「必ず買わせる」テクニック

お客から断られた経験は誰にでもある。だが、あきらめるのはまだ早い。そうしたお客がすべて「買う客」に変わるさらなるテクニックを紹介。「ジラード流」でライバルに差をつけろ！

ジョー・ジラード著　石原薫訳
定価１５００円＋税